DIE DELEGIERTEN

FRANK MÜLLER
JÜRGEN SCHWARZ

DIE DELEGIERTEN

Verdeckte Transfergeschäfte im DDR-Fußball

neues leben

Über die Autoren

Frank Müller, geboren 1957, spielte aktiv Fußball u.a. für Chemie Leipzig. Der Diplom-Ingenieur schreibt seit 1986 als freier Journalist vor allem für die *Leipziger Volkszeitung*, arbeitete parallel dazu für die dpa und Radio PSR. Von 1991 bis 2017 gab er das Saisonmagazin *Fußball in Sachsen* heraus. Er ist Buchautor von »Freigespielt« (2015, mit J. Schwarz), »Die im Osten spielten« (2018, mit W. Wächter) und weiteren.

Jürgen Schwarz, geboren 1958 in Dresden, spielte aktiv Fußball und Handball. Der Diplom-Ingenieur ist seit 1985 als freier Sportjournalist tätig, v.a. für die *Sächsische Zeitung*. Schwarz ist Mitautor etlicher Bücher, u.a. »Dynamo Dresden – eine Legende wird 50« (2003), »Dynamo Dresden – Legenden, Schicksale, Geschichten« (2008), »Das Dresdner Stadion« (2009), »Dynamos vergessene Helden« (2019).

Inhaltsverzeichnis

Liebe Leser,

dieses Buch weckt viele Erinnerungen an meine aktive Laufbahn. Es kommen auch ehemalige Weggefährten zu Wort, mit denen ich bei Dynamo Dresden und in der DDR-Nationalmannschaft zusammenspielen durfte. Einige haben vor und nach dem Vereinswechsel verrückte Dinge erlebt, die heute kaum noch vorstellbar sind. Insgesamt dreizehn Jahre war ich, einen kurzen Abstecher zu Fortuna Köln ausgenommen, für die Schwarz-Gelben am Ball – vor und nach der politischen Wende. Unvergessene Europapokalspiele, Meistertitel und Pokalsiege sowie vier Spielzeiten in der Bundesliga prägten diese wunderschöne Zeit in Dresden.

Manches von dem, was Fußballern in der DDR bei ihren Vereinswechseln widerfuhr, stimmt nachdenklich. Anderes lässt mich schmunzeln. Die seither verstrichenen Jahrzehnte haben gewiss nicht nur bei mir einiges verblassen lassen. In den folgenden Kapiteln wird es wieder zum Leben erweckt.

Ich wünsche Ihnen beim Lesen dieses facettenreichen und spannenden Buches, das nicht nur Fußballfans ansprechen dürfte, viele Freude.

Ihr Hans-Uwe Pilz

Das System Oberliga

Wer heute »Oberliga« hört, denkt an Amateurfußball oder die fünfthöchste Spielklasse des Deutschen Fußball-Bunds. Im Gegensatz dazu war die Fußball-Oberliga der DDR tatsächlich, was der Name unterstellt: die oberste Liga des Landes. 1948 begann der Erstliga-Spielbetrieb in der Sowjetischen Besatzungszone, mit der Saison 1949/50 startete die DDR-Oberliga. In dieser Spielzeit nannte sie sich noch DS-Liga, nach der Abkürzung für den Deutschen Sportausschuss. Von Anfang an bewegten sich die Vereine unter der Fuchtel der Funktionäre. Stets wurde in irgendeiner Form das Bekenntnis zum sozialistischen Staat gefordert, und praktisch immer wurden wichtige Entscheidungen innerhalb der Vereine wie auch zwischen ihnen politisch beeinflusst. So war schon das entscheidende Spiel um die erste DDR-Meisterschaft zwischen der SG Dresden-Friedrichstadt und Horch Zwickau (Endstand 1:5) politisch aufgeladen und trug schließlich mit dazu bei, dass wenig später neun Dresdener Spieler in den Westen gingen, unter ihnen der spätere Bundestrainer Helmut Schön.

Ein Element des DDR-Sports war, dass man an die Arbeitersportbewegung anknüpfen und »bürgerliche« Tendenzen nicht haben, ja zerschlagen wollte, welche Vorstellungen auch immer man davon hatte. Die Interpretation dessen, was politisch gewollt ist, wandelte sich im Laufe der 40 Jahre DDR allerdings öfter. Zugleich musste man naturgemäß den Anforderungen und Gesichtspunkten des Leistungssports Tribut zollen. Und obwohl dieser Anspruch unerbittlich blieb, hielt man bis zum Schluss, zumindest offiziell, an der Erzählung vom sozialistischen Amateursport fest. Fußball im Osten trug durchaus Züge dessen, was das

Profitum im Westen kennzeichnete. Um dieser Realität Rechnung zu tragen, forderten in den 1980er Jahren immer mehr Fachleute des DDR-Fußballs eine Art Professionalisierung, denn gewiss hatte man das Ziel, dauerhaft mit der internationalen Elite mithalten zu können, nie aufgegeben.

Von einem reinen Amateurstatus der Oberliga-Fußballer konnte indes schon in frühen DDR-Zeiten kaum die Rede sein. Zwar wurde darauf geachtet, dass die jungen Kicker möglichst einen Beruf erlernten und formell in einem Betrieb angestellt waren. Ohne tägliches Training aber, das kaum möglich ist, wenn man nebenher einen Beruf ausübt, blieb keines der Teams auf Dauer wettbewerbsfähig.

Die Funktionäre griffen in den ersten Jahren der DDR-Oberliga ein, indem sie das 14er Feld zeitweise auf bis zu neunzehn Mannschaften aufstockten, weil vor allem mehr Berliner Vereine in der Eliteliga mitmischen sollten. So kamen etwa der VfB Pankow, Lichtenberg 47 und Union Oberschöneweide in die aufgeblähte Staffel. Auch sonst griff die Politik kräftig in sportliche Belange ein. Man bildete Vereine um, gliederte aus, änderte Namen oder verlegte gleich alles ganz. Neben »Delegierungen« von Teams in eine andere Liga gab es auch den Umzug von Vereinen an einen anderen Ort. Ein Thema, dem in diesem Buch ein Extrakapitel gewidmet ist.

Von 1954/55 an kehrte man jedoch wieder zu vierzehn Teams zurück und behielt das so bei bis zur letzten Saison 1990/91 (dort bereits als »NOFV-Oberliga«). Seit den 1950er Jahren durchweg prägend für den DDR-Sport war die Bindung an Industriezweige und deren Betriebe. Daraus entstanden die Betriebssportgemeinschaften (BSG). Anders ausgedrückt: Betriebe oder Betriebsverbände wirkten für die Vereine nach quasi politischer Zuteilung wie heute ein Hauptsponsor. Auch als später Sport- und Fußballclubs zu Leistungszentren entwickelt wurden, blieb die Bindung an finanziell handlungskräftige Betriebe bestehen.

Das bekannteste Beispiel dafür war der FC Carl Zeiss Jena, vom gleichnamigen Kombinat finanziell und mit Sachwerten, Wohnungen u.ä. gefördert. In manchen Clubs wirkten gleich mehrere Träger, wie beim FC Rot-Weiß Erfurt der Fall. Besondere Staatsnähe hatten Vereine mit »Dynamo« im Namen, hinter ihnen standen die Sicherheitsorgane des Staates, insbesondere die Volkspolizei und das einflussreiche Ministerium für Staatssicherheit (MfS). Vereine mit einem »Vorwärts« wurden von der Nationalen Volksarmee (NVA) unterstützt. Der Club Vorwärts Berlin – ab 1971 Frankfurt (Oder) – sollte zum Beispiel das Image der eher ungeliebten Armee aufpolieren. Für Clubs mit ziviler Unterstützung wie auch für die Betriebssportgemeinschaften galt das im Prinzip ebenfalls, hier aber kam der Umstand hinzu, dass gute Sportergebnisse zugleich die Arbeitsproduktivität in den Betrieben heben sollten. So wurden Studien im Stahlwerk Riesa angestellt, die belegt haben sollen, dass die Produktion bei Siegen der BSG Stahl am zurückliegenden Wochenende besser ausfiel als bei Niederlagen. Folglich waren selbst sportlich weniger interessierte Direktoren bemüht, die Kicker der eigenen BSG in Form zu halten. Fußballbegeisterte Wirtschaftslenker nahmen das als schlagkräftiges Argument, den Verein des eigenen Betriebs oder Kombinats wirtschaftlich übers vorgesehene Maß zu unterstützen, mitunter gegen innerbetrieblichen Widerstand. Diese Förderung ist auch bei den meisten Spielerwechseln von einem Verein zum anderen mehr oder minder deutlich zu erkennen. Das, die man offiziell »Delegierungen« nannte, ist das Thema dieses Buchs.

Nicht selten aber führte die Forcierung dieser Wechsel zu Auswüchsen, die der »sozialistischen Moral« zuwiderliefen. Anfang der 1970er Jahre fingen sich nach entsprechenden Kontrollen zur Einhaltung der vorgegebenen Regeln einige Vereine und deren Funktionäre drastische Strafen ein. Besonders hart erwischte es Stahl Eisenhüttenstadt. Die vom

Eisenhüttenkombinat Ost (EKO) unterstützte BSG war 1970 gerade aus der Oberliga wieder abgestiegen, da ereilte sie eine Überprüfung, und es ging gleich weiter nach unten in die drittklassige Bezirksliga. Auch Stahl Riesa, Chemie Wolfen oder Aktivist Schwarze Pumpe wurden wegen ähnlicher Vergehen bestraft. Letztgenannte BSG aus Hoyerswerda zahlte wie viele andere DDR-Ligisten mit potentem Betrieb im Rücken beachtliche Gehälter und Prämien. Das war keine Ausnahme. Viele Zweitligisten konnten in wenigstens dieser Hinsicht mit den Oberligisten mithalten. Nicht umsonst gingen beispielsweise altgediente Kicker vom Leistungszentrum 1. FC Lok Leipzig gern noch ein paar Jahre zur BSG Chemie Böhlen oder später auch zu Chemie Markkleeberg. Spieler von Dynamo Dresden ließen ihre Karriere in Riesa oder Bischofswerda ausklingen. Selbst manche Vereine der Bezirksliga oder gar der Bezirksklasse konnten dafür ausreichende Gehälter zahlen.

Doch nicht nur Geld spielte eine Rolle. In der Oberliga, mancherorts auch darunter, bot man Spielern Wohnungen oder eine Verkürzung der Wartezeit auf ein Auto. Dergleichen lag beim Tauziehen um einen Spieler gern in der Waagschale, nicht wenig wogen aber auch sportpolitische Argumente, von Funktionären in Stellung gebracht, wenn sie einen Star nicht aus ihrem Hoheitsgebiet ziehen lassen wollten. Nur wenn die Obrigkeit es zuließ, kam es zur Delegierung. Andernfalls flammte Streit zwischen den »Bezirksfürsten« auf, wobei es zu ungerechten Strafen für Spieler kommen konnte, die zwischen die Fronten geraten waren.

Alle diese Umstände des DDR-Spitzenfußballs führten zu einer heute teils bizarr anmutenden Gemengelage aus sportlichen, geschäftlichen und politischen Elementen. Die geschickteren unter den Club- und BSG-Chefs wussten auf dieser Klaviatur zu spielen und behielten so Oberwasser. Dieses Buch greift, ohne Anspruch auf Vollständigkeit zu erheben, die Vereinswechsel vieler wichtiger DDR-Kicker auf. Entlang am Geschick seiner Protagonisten, der Delegierten, und ergänzt durch Zeitzeugenberichte erzählt es von den spannenden, nicht selten konspirativen, mitunter sonderbaren Vorgängen, die der Öffentlichkeit in der sportbegeisterten Republik damals großenteils vorenthalten blieben und bis heute kaum bekannt sind.

Der »Spieler-Zieher«

Gottfried Matthes fädelte für Dynamo Dresden Spielerwechsel ein

Professioneller Fußball ist heute ohne Scouts und Spielerberater gar nicht mehr denkbar. In der DDR gab es diese Tätigkeit offiziell nicht. Die besten Spieler wurden innerhalb der Bezirke zu den Schwerpunktvereinen delegiert. So kamen im Bezirk Dresden spätere Nationalspieler wie Peter Kotte und Ulf Kirsten aus Riesa, Hans-Jürgen Dörner aus Görlitz und Ralf Minge aus Gröditz zu Dynamo.

Um im Kampf um die Meisterschaft und den Pokal ein Wort mitreden zu können, vor allem aber, um im Europacup konkurrenzfähig zu sein, suchten die Vereine nach anderen Wegen, die besten Spieler auch über die Bezirksgrenzen hinaus zu locken. Mit unterschiedlichen Methoden allerdings. Bei Dynamo Dresden rückte in den 1980er Jahren vor allem ein Mann in den Mittelpunkt: der ehemalige Stürmer Gottfried Matthes, der im April 2019 im Alter von 81 Jahren verstorben ist. Er ging für die Schwarz-Gelben auf Werbetour, ausgestattet mit einem Presseausweis, der ihm manch wichtige Tür öffnete. »Ich schrieb für eine Dresdner Tageszeitung Fußballberichte, daher war mein Ausweis legal«, erzählte Matthes viele Jahre später. »Hinter dem BFC Dynamo stand damals Stasichef Erich Mielke, und hinter dem FC Carl Zeiss Jena Wolfgang Biermann, der Kombinatsdirektor des VEB Carl Zeiss. Beiden Klubs wurden viele Wünsche erfüllt, daher musste man sich in Dresden etwas einfallen lassen.« Dynamo hatte quasi die Polizei als Trägerbetrieb (sprich: Sponsor). Wichtig war, dass die Spieler offiziell selbst den Wechsel wollten.

Dafür benötigten sie triftige, im besten Fall persönliche oder private Gründe.

Matthes arbeitete im Hauptberuf als Sportlehrer, für den Nebenjob als Spieler-Zieher bekam er Aufwandsentschädigungen und Prämien. Alles begann zu der Zeit, da Gerhard Prautzsch, den er aus seiner aktiven Spielerzeit kannte, Cheftrainer bei Dynamo wurde (um 1978 also).

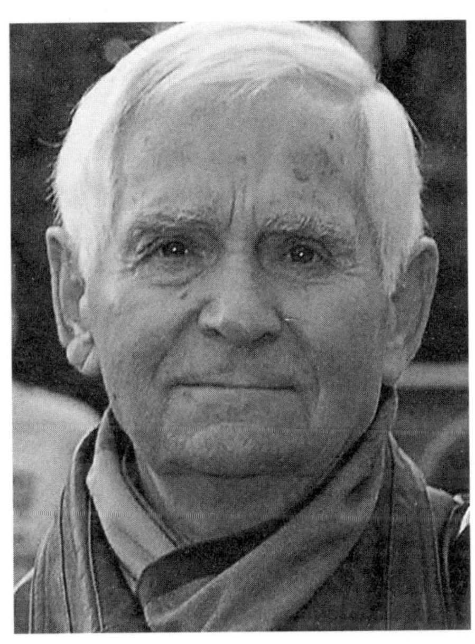

Gottfried Matthes, 2016

»Er fragte mich eines Tages, ob ich in seinem Auftrag interessante Spieler ansprechen möchte. Später habe ich diesen Nebenjob auch unter Klaus Sammer und Eduard Geyer weiter betrieben.« So warb Matthes Spieler wie Hans-Uwe Pilz (Zwickau) oder Andreas Wagenhaus (Halle) erfolgreich an. Bei anderen wie dem DDR-Auswahlkeeper Jörg Weißflog (Aue) oder dem Jenaer Libero Heiko Peschke blieb der Erfolg aus.

»Wichtig war, die Spielerfrauen auf meine Seite zu bekommen, denn die hatten meist großen Einfluss auf die

Entscheidungen der Fußballer«, berichtet Matthes in einem Interview mit der *Sächsischen Zeitung*. Die Lockmittel lagen auf der Hand: eine Wohnung, ein Kindergartenplatz, ein Auto, Arbeit für die Frau und natürlich: mehr Geld. Auch die Tatsache, dass Dynamo ein Polizeiverein war, spielte keine unwesentliche Rolle: »Die Spieler wurden dadurch nicht zum Wehrdienst eingezogen.« Zudem spielten die Dresdner auf europäischer Bühne, in Lissabon, Madrid oder Liverpool, »und damit gab es auch Devisen, die natürlich ebenfalls gefragt gewesen sind.«

Als erster Treffpunkt diente oft eine Autobahnraststätte. »Schwierig war, an die Telefonnummern heranzukommen, denn die standen in keinem Telefonbuch. Da musste hin und wieder auch eine Notlüge herhalten.« So meldete sich Matthes einmal als Vater einer jungen Frau, die von Jörg Weißflog angeblich ein Kind erwartete. Er wolle das vernünftig klären, sagte er zur Sekretärin des Vereins. Immerhin war Weißflog ein verheirateter Familienvater. Dynamos Spielerzieher bekam die Nummer und meldete sich beim Auer Torhüter – natürlich nicht mit seiner frei erfundenen Geschichte, sondern mit dem Angebot der Dresdner. Dass Weißflog nach einer Bedenkzeit bei seinem Klub blieb, lag wohl auch daran, dass er in Aue längst Kultstatus erreicht hatte.

Bei Heiko Peschke war die Lage ganz anders. Der wollte nach Dresden, aber der mächtige Kombinatsdirektor von Carl Zeiss verhinderte den Wechsel. Mit der Wende waren die Dienste von Gottfried Matthes nicht mehr gefragt. »Da kamen Berater und Spielervermittler, die mit riesigen Netzwerken arbeiteten. Da hätte ich keine Chance mehr gehabt«, stellte er zwei Jahre vor seinem Tod ohne Groll fest. »Mit meinem Presseausweis kam ich in der DDR immer an die Spieler heran, oft sogar bis in die Kabine. Das wäre nach 1990 undenkbar gewesen.«

Union angelt sich das schwarze Schaf

Auswahlstürmer Günter »Jimmy« Hoge war der Albtraum für Funktionäre

Günter Hoge war ein begnadeter Dribbler, was ihn schon im Juniorenalter von seinem Ursprungsverein SG Lichtenberg 47 ins Team des ASK Vorwärts Berlin geführt hatte, der damals zu den großen Titelfavoriten zählte. Dort wurde Hoge 1959 DDR-Juniorenmeister und holte mit der Männermannschaft 1960 und 1962 den Titel. Folgerichtig erhielt er die Berufung erst in die DDR-Nachwuchs- und schließlich in die A-Auswahl. Sein Debüt gab der quirlige Linksaußen am 21. Juni 1961 im Länderspiel DDR gegen Marokko, das 1:2 verloren ging. Nach einem weiteren Einsatz (2:3 gegen Ungarn) wurde er sechs Jahre lang nicht in die Nationalelf berufen. Trotz seiner spielerischen Fähigkeiten hatte der 1,69 Meter große Jimmy so seine Probleme mit den DDR-Fußballfunktionären, beziehungsweise sie mit ihm. Seine eigenwillige Art wirkte irritierend im auf Kollektivität getrimmten DDR-Sport. Der ASK Vorwärts schickte ihn vor allem wohl wegen seines unangepassten Charakters 1962 zu Motor Köpenick in die zweite Liga. Als der Berliner Stadtteilverein 1964 in die dritte Spielklasse abstieg, angelte sich Nachbar TSC Berlin, aus dem zwei Jahre später der 1. FC Union als reiner Fußballclub ausgegliedert wurde, den Stürmer. Unions Trainer Werner Schwenzfeier hatte das »schwarze Schaf« wohl länger schon auf dem Zettel und nutzte die Chance. Die klassische Delegierung des DDR-Fußballs war das freilich nicht.

Mit Union, wo er schnell zum Publikumsliebling wurde, stieg Hoge 1966 in die DDR-Oberliga auf. Damit tauchte

Jimmy nach drei Jahren wieder in der ersten Liga auf. So gelang auch das Comeback in die Nationalmannschaft, für die er noch weitere viermal auflaufen sollte. Höhepunkt seiner Zeit bei den Wuhlheidern war zweifellos der überraschende Pokalsieg 1968. Im Finale bezwangen die Unioner am 9. Juni das Spitzenteam des FC Carl Zeiss in Halle mit 2:1. Doch es folgte bald ein krasser Absturz. Im Oktober

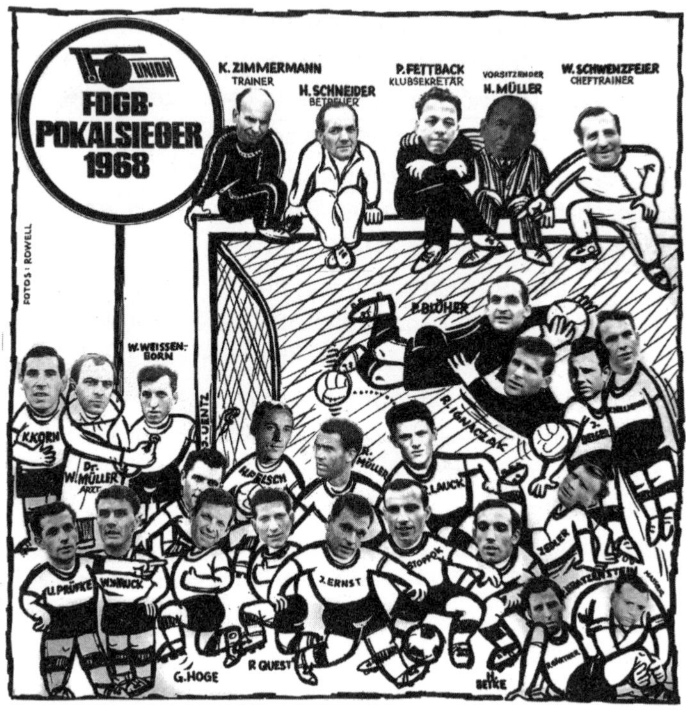

Günter Hoge (u.3.v.l.) in einer Collage der *fuwo* vom 25. Juni 1968

1968 wurde der seit Saisonbeginn verletzte Hoge bis zum 31. Mai 1969 gesperrt, also praktisch die restliche Saison. Die Begründung lautete, dass er »wiederholt unter Alkoholeinfluss« gestanden und »seine Mannschaftskameraden gröblichst beleidigt« habe. Union stieg ab, Schwenzfeier musste ungeachtet der vorherigen Erfolge seinen Hut nehmen.

In der Saison 1969/70 war Stürmer Hoge wieder im Team und kehrte mit Union ins Oberhaus zurück. In der Sommerpause leistete Jimmy sich aber ein »schwerwiegendes politisches Vergehen«, so die offizielle Formulierung. Er hatte im Urlaub an der Ostsee seinen Ex-Trainer Schwenzfeier wiedergetroffen, dabei offenbar wieder kräftig Alkohol konsumiert und bei der Fernsehübertragung eines WM-Spiels der bundesdeutschen Elf lautstark die westdeutsche Hymne mitgesungen. Das wurde der Staatssicherheit hintertragen und führte letztlich zu einer sechsjährigen Sperre, die praktisch dem Ende seiner Oberliga-Karriere gleichkam. Zunächst durfte er nicht einmal mehr in der Bezirksliga spielen, weshalb er bei Motor Hennigsdorf nur in der zweiten Mannschaft kickte. In der Saison 1971/72 stieg er mit Motor auf und spielte dort noch ein weiteres Jahr. Ehe er später kleinere Teams trainierte, trat er noch für einige unterklassige Vereine selbst an. Nach der Wende lief er für die Altherrenmannschaften von Hertha und Union auf, bei Union wurde er Ehrenmitglied. Am 6. November 2017 verstarb der in Ostberlin unvergessene Günter Hoge.

Ein Spitzenclub gibt den Auswahltorwart weg

Der erstaunliche Vereinswechsel von Horst Weigang nach Erfurt

Beim seltsamen Vereinswechsel Horst Weigangs vom 1. FC Lok Leipzig zu Rot-Weiß Erfurt kann man eigentlich nicht von einer Delegierung sprechen. Jedenfalls nicht im Sinne der meisten in der DDR über die Bühne gegangenen Spielertransfers. Trotzdem ist der 1967 vollzogene Schritt des damaligen DDR-Auswahltorwarts, den er gleichzeitig mit seinem Mannschaftskameraden Reinhard (genannt Rainer) Trölitzsch vollzog, hochinteressant. Letzterer lebt leider nicht mehr.

Lok Leipzig war 1967 DDR-Vizemeister geworden. 1964 (noch als SC Leipzig) und 1966 hatte man es jeweils auf den dritten Platz geschafft. Auch wenn sich die Blau-Gelben in der Messestadt zu dieser Zeit einen heißen Zweikampf mit Chemie um die Gunst der Leipziger Fans lieferten, gehörte Lok doch eindeutig zu den Spitzenteams, mit Nationalspielern wie Henning Frenzel, Manfred Geisler, Dieter Engelhardt, Wolfram Löwe und eben Weigang. Dass Lok seinen Auswahltorwart zu den gerade erst wieder aus der DDR-Liga ins Oberhaus aufgestiegenen Erfurtern ziehen ließ, war schon sehr ungewöhnlich. Für Stürmer Rainer Trölitzsch, der in der Saison 1966/67 nur noch bei vierzehn von 26 Oberliga-Partien einen Einsatz erhalten hatte, schien ein Wechsel eher sinnvoll, für Weigang aus sportlicher Sicht hingegen kaum.

Weigang kannte die Erfurter bereits. Er stammte aus dem schlesischen Langenbielau, doch 1947 musste er als Siebenjähriger mit seiner Mutter und vier Geschwistern die polnische Heimat verlassen. Die Familie landete zunächst in Hannover, dann in Leipzig-Stötteritz, zur Untermiete in der Kröbelstraße. Ein Lehrer entdeckte das Talent, nahm es 1952 mit zur BSG Medizin Mitte Leipzig, seinem ersten Verein von 1952 bis 1954. In der Leipziger Stadtauswahl seines Jahrgangs fiel Weigang auf, und so angelte sich der SC Lok Leipzig das knapp vierzehnjährige Talent. Als junger Erwachsener spielte er ab 1961 für ein Jahr beim SC Turbine Erfurt, dem Vorgänger des FC Rot-Weiß. Nach einer Saison, die übrigens die Rückkehr vom sowjetischen Modell im Jahresrhythmus zum in allen anderen Ländern üblichen mit Herbst- und Frühjahrsrunde vollzog, ging es 1962 wieder zurück nach Leipzig, aber nun zum 1. FC Lok-Vorgänger SC Rotation. »Trainer Martin Schwendler holte mich«, erzählt Weigang. Bei der legendären Leipziger Teilung landete er 1963 als Auswahltorwart bei den vermeintlich Besseren, beim SC Leipzig, aus dem heraus sich Anfang 1966 der 1. FC Lok gründete. Dem SCL war von den Funktionären die Rolle des Leipziger Leistungs-, sprich: Eliteclubs zugedacht. Weigang, und nicht nur er, glaubt aber, dass bei dieser »Auslese« einige Fehler gemacht wurden, und fragt sich bis heute: »Wieso landete dabei ein Nationalspieler wie Manfred Walter bei Chemie? Auch Torjäger Bernd Bauchspieß hätte eigentlich bei uns spielen müssen.«

Nach etlichen Einsätzen in der DDR-Juniorenauswahl gab Weigang am 21. November 1962 beim 2:1 über die Tschechoslowakei sein Debüt in der A-Auswahl, für die er bis 1967 schließlich zwölfmal zwischen den Pfosten stand. Er gehörte auch zur DDR-Olympia-Auswahl, die 1964 in Tokio Bronze erspielte, kam da aber nur in einer Vorrundenbegegnung zum Einsatz. Für die Leipziger Stadtauswahl absolvierte Weigang vier, für den SCL/FCL weitere zwölf Europapokalspiele, unter anderem das unvergessliche 3:1 über Benfica Lissabon vor 75 000 Zuschauern am 21. Dezember 1966.

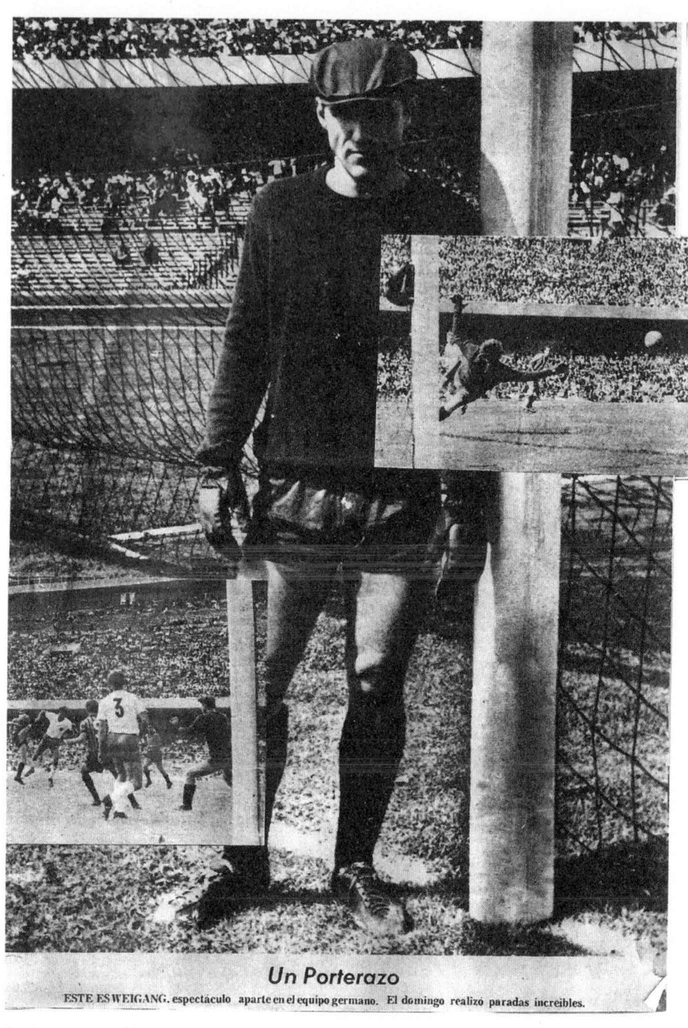

Weigang im Maracana von Rio de Janeiro

Im Rückspiel (1:2) hielt er noch besser und Lok somit im Wettbewerb. »Ich kann mich ehrlich gesagt an diese Spiele im Einzelnen nicht mehr richtig erinnern«, bekennt er, obwohl er gerade in diesen Partien sein Können bewies. Bereits zuvor, im Jahr 1965, war er zum DDR-Fußballer des Jahres gewählt worden. Im selben Jahr bekam er auf einer Südamerikareise mit der DDR-Auswahl ein Angebot von Penarol Montevideo, nachdem die DDR-Elf Uruguay mit 2:0 geschlagen hatte. »Sie lockten mit Geld. Doch ich war schon verheiratet und hatte einen Sohn. Ich lehnte also ab und sagte es unserer Delegationsleitung. In der Zeitung wurde ich daheim dafür sogar gelobt«, erzählt der Ex-Keeper mit einem Schmunzeln. Kaum nachvollziehbar also, dass der ambitionierte 1. FC Lok dann zwei Jahre später einen solchen, anscheinend auch »politisch gefestigten« Torwart 27-jährig einfach ziehen lassen hat.

Weigang erinnert sich: »Ich hatte mich leicht angetrunken kritisch über unsere sportlichen Leistungen und Dinge im Club geäußert. Dann wurde ich eines Tages kurz vorm Training zur Clubleitung bestellt, wo man mir sagte, Lok verzichte künftig auf mich. Auch die Mannschaft habe zugestimmt.« Und Weigangs Verhältnis zu den Trainern in Probstheida scheint von Anfang an nicht das beste gewesen zu sein. »Zum Beispiel Rudolf Krause unterhielt sich nur mit bestimmten Spielern, die anderen schienen nicht so wichtig für ihn«, schildert der Torwart seine Eindrücke. Er sei zwar ein Einzelgänger gewesen, »aber das hieß nie, dass ich gegen irgendjemand etwas gehabt hätte«, unterstreicht Weigang.

Auf jeden Fall vertrugen die damals größtenteils autoritären Trainer und Funktionäre keine Kritik oder gar Widerrede von Spielern. Was Weigang in Leipzig offenbar zum Verhängnis wurde. Laut Zeitungsbeiträgen unterrichtete er Ende Mai 1967 seinen damaligen Lok-Trainer Hans Studener von seiner Absicht, den Verein verlassen zu wollen – eine Information, die wahrscheinlich gar nicht mehr nötig war. Am 7. Juni meldete er sich bei Lok in Richtung Rot-Weiß Erfurt ab. Ohne sein Wissen und Beisein hatte bereits am 5. Juni eine Mannschaftssitzung stattgefunden, auf der seine Kollegen den Verzicht auf ihren Stammkeeper – vielleicht unter Druck der Clubleitung – absegneten.

Weigang stimmt heute noch etwas traurig, dass es, soweit er weiß, aus dem Team heraus keinen Widerspruch gegen die Entscheidung der Lok-Führung gab. Auch dass sich der Club kaum um ihn kümmerte, als er mal mit einer schweren Verletzung kämpfte, hat er nicht vergessen. »Ich habe dann durch andere einen Heilpraktiker in Salzwedel gefunden, der mir half. Das Einzige, was der SCL tat, war, für die Autofahrt dorthin zu sorgen.«

Als Weigang 1967 nach Erfurt kam, war der FC Rot-Weiß Erfurt gerade wieder in die Oberliga aufgestiegen. »Die Atmosphäre dort im Club war besser, offener«, so Weigang, »mir hat das gutgetan.« Vielleicht spielte auch eine Rolle, dass Martin Schwendler, der ihn 1962 nach Leipzig geholt hatte, zu dieser Zeit als Trainer in Erfurt arbeitete. »Trotzdem habe ich mich ungern aus Leipzig ›evakuieren‹ lassen, weil ich dort meine Kindheit verbrachte. Für meine Familie war es allerdings richtig, wir haben uns dann in Erfurt vierzig Jahre lang sehr wohl gefühlt«, betont Weigang.

Er glaubt bis heute, dass er als etwas zu kritischer Geist abgeschoben, quasi stillgestellt werden sollte. Das Gerücht, wonach sich Weigang und Trölitzsch in den Besitz ihrer Spielerpässe gebracht hatten, indem sie die Sekretärin des Clubchefs, eine, wie überliefert, sehr gutmütige Frau, unter einem Vorwand überrumpelten, dürfte also nicht stimmen. Die Aushändigung der Pässe war von den Chefs des 1. FC Lok aufgrund der Entscheidung, die beiden Akteure abzugeben, wohl vollauf beabsichtigt. In den bei solchen Vorgängen meist äußerst zugeknöpften DDR-Medien wurde der Wechsel zwar zunächst in knappen Worten besprochen, doch wegen des beachtlichen Interesses und der Verwunderung der Fans kommentierte die *Leipziger Volkszeitung* am 25. Juni 1967 relativ klar: »Es ist nämlich so, dass heute, zehn Tage nach jenem 15. Juni (Ende der Wechselfrist – d. A.) noch keine authentische, offizielle Übersicht existiert«, schrieb dort Hans-Werner Stadie. Und weiter mit

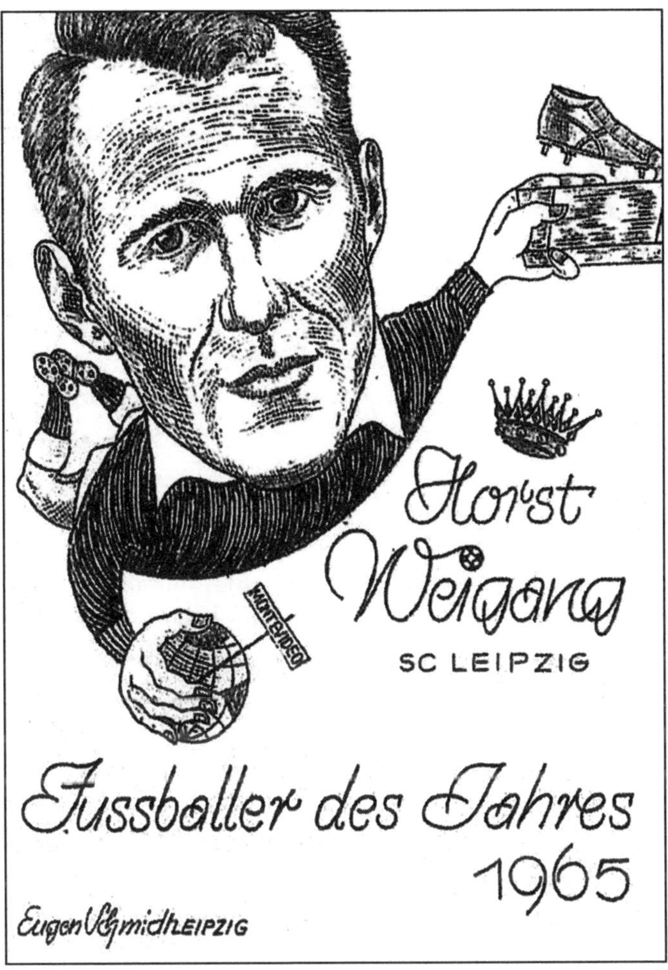

offenkundigem Bezug zum Weigang-Wechsel: »Wir verzichten darauf, weil uns nichts Bindendes mitgeteilt wurde und wir die tollsten Gerüchte, die hinter vorgehaltener Hand kursierten, einfach nicht ernst nehmen konnten (...) Beim 1. FC Lok haben sich Weigang und Trölitzsch abgemeldet, Nauert kam in gutem Einvernehmen mit dem HFC Chemie wieder nach Probstheida zurück.« Lok hatte mit Torhüter Peter Nauert also schon für Ersatz gesorgt.

Dann bezieht sich der *LVZ*-Sportressortleiter Stadie auf die DDR-Nachrichtenagentur ADN: »Sicher ist nur ein Fall ›sensationell‹: der Weggang Weigangs. In den letzten Tagen las man in einigen Zeitungen diese Notiz: ›Fußball-Nationaltorwart Horst Weigang (bisher 1. FC Lok Leipzig) hat sich laut ADN beim FC Rot-Weiß Erfurt angemeldet!‹ Es ist sicher ungewöhnlich, dass ein Nationaltorwart vom Vizemeister zu einem Neuling geht, über dessen Oberliga-Schicksal man nichts Genaues weiß.«

Und weiter kritisiert Stadie erstaunlich offen: »Gerade deshalb reicht die zitierte Information nicht, um den ganzen Sachverhalt darzustellen. Weigang hat sich bedauerlicherweise abfällig über seine Klubmannschaft geäußert und dabei sicherlich haltlose, unberechtigte Behauptungen verbreitet.«

Ob die Behauptungen tatsächlich alle haltlos waren, sei dahingestellt. Im Kommentar heißt es ferner, das gesamte Oberliga-Kollektiv des FCL habe entschieden, auf ein weiteres Mitwirken Weigangs keinen Wert mehr zu legen und den DFV, also den Fußball-Verband der DDR, in einem Schreiben davon zu informieren. Erst danach habe sich Weigang abgemeldet. Es werde für Lok nun keineswegs leichter, »aber eine solche Entscheidung hat wohl auch etwas Positives, beweist Rückgrat und Mannschaftsgeist«. Ob die Mannschaft im sozialistischen Sportbetrieb wirklich mitreden und damit ihren Geist beweisen konnte, darf man zumindest anzweifeln.

Der damalige Lok-Kapitän Karl Drößler schildert die Sache so: »Wir haben als Spieler untereinander darüber gesprochen, wenn Spieler Abwanderungsgedanken äußerten. Auch mit unserem Klubvorsitzenden Horst Pabst, der sehr umgänglich war, habe ich gemeinsam mit dem Mannschaftsrat darüber gesprochen. So zum Beispiel, als Henning Frenzel und Manfred Geisler 1966 schon mal fast nach Jena bzw. Rostock gingen. Ihnen war da einiges wie

Wohnung, Umzugsgeld und vielleicht noch mehr geboten worden. Es bestand die Gefahr, dass unsere Mannschaft auseinanderfällt. Doch wir konnten sie bei uns halten.« Im Jahr 1969, als Lok überraschend abstieg, hat übrigens der finanziell potente FC Carl Zeiss Jena an Frenzel und Wolfram Löwe, beides Auswahlspieler, nochmals heftig gebaggert, doch die einflussreiche Leipziger SED-Bezirksparteileitung schob dem erneut einen Riegel vor.

Anders als 1967 bei Weigang, zu dessen Wechsel Drößler weiter erklärt: »Bei ihm sagte die Mannschaft, wenn Horst gehen wolle, könne er gehen.« Das verwundert etwas, immerhin war Weigang ebenfalls Nationalspieler. »Denn Weigang hatte gesagt, er wolle zu einer mehr defensiv ausgerichteten Mannschaft, bei der er stärker im Blickpunkt steht«, erinnert sich Drößler und unterstreicht: »Die Aussage der Mannschaft war nicht negativ gemeint. Ich selbst habe immer höchsten Respekt vor Horst gehabt.«

Der damals noch junge Stürmer Wolfram Löwe kann sich an besagte Mannschaftssitzung nicht erinnern. Er habe den Weggang Weigangs, der für ihn ziemlich überraschend kam, aber als Verlust und Schwächung der Lok-Elf empfunden. Der damalige Torwart selbst glaubt indes bis heute, dass der Wechsel nach Erfurt genehmigt, ja eigentlich gar forciert wurde, weil man ihn dort quasi ruhigstellen wollte.

In Erfurt spielte Weigang noch bis 1973, stieg mit den Rot-Weißen 1971 ab und 1972 gleich wieder auf. Insgesamt kam er auf 234 Oberligaspiele. Und der mit nach Erfurt gegangene Trölitzsch erwies sich als wertvoller Torjäger für die Thüringer. Wegen einer schweren Verletzung, die dieser sich am 15. April 1970 im Spiel bei Dynamo Dresden zuzog, musste er aber 31-jährig seine aktive Laufbahn nach 266 Oberligapartien und 94 Toren beenden.

Weigang begann nach seiner aktiven Laufbahn eine Trainerausbildung. Die Qualifizierung verlief nicht ganz reibungslos, man habe ihm aber keine wirklichen Steine mehr in den Weg gelegt, sagt er heute eher etwas amüsiert, weil sein dafür nötiger Eintritt in die Staatspartei SED recht spontan vonstattenging, ebenso wie sein ähnlich flotter Austritt still geduldet wurde. DDR-Kenner wissen, dass dies eher selten ohne negative Folgen für den Austretenden blieb. Für Weigang seltsamerweise schon.

Er coachte im Nachwuchs von Rot-Weiß, betreute nacheinander gleich vier Vereine in zweiter und dritter Liga mit dem Namen Motor: Weimar, Eisenach, Rudisleben, Gotha. Außerdem auch Chemie Ilmenau, stieg mit der BSG Landbau Bad Langensalza zweimal in die DDR-Liga auf. Ab 1986 führte er Union Mühlhausen von der viertklassigen Bezirksklasse ebenfalls bis in die zweite Liga. »Das waren zum Teil sehr schöne Stationen, wie beispielsweise Ilmenau«, blickt Weigang zurück. Außerdem arbeitete er als Sportlehrer und nach 1990 als Lehrer für soziales Recht. Auch Deutsch und Ethik unterrichtete er, phasenweise gar im Jugendstrafvollzug.

Seine Tochter Birte holte als Schwimmerin mit der DDR-Lagenstaffel über 4x100 Meter bei den Olympischen Spielen 1988 in Seoul Gold. Sohn Sven schaffte es bei Stahl Riesa wie sein Vater zum Oberliga-Torwart und hütete nach der Wende in der 2. Bundesliga den Kasten für Blau-Weiß 90 Berlin. Mit ihm betrieb Vater Horst eine Zeit lang eine Fußballschule in Kleinmachnow, südlich von Berlin, wo Horst Weigang heute als Rentner lebt.

Mäckis Gang zum ungeliebten Stadtrivalen

Wechselte Reinhard Lauck aus eigenem Antrieb von Union zum BFC Dynamo?

Reinhard Lauck trat in seiner Laufbahn für fünf Vereine an, doch nur einer der Wechsel war tatsächlich spektakulär. Angefangen hatte »Mäcki«, wie sein Spitzname lautete, als Zwölfjähriger bei der heimatlichen SG Sielow, für die er von 1958 bis 1970 Fußball spielte. Von dort ging es zum höherklassigen Nachbarn Vorwärts Cottbus, wo 1963 das Leistungszentrum SC Cottbus auf ihn aufmerksam wurde. Dort kam er als Youngster zu seinen ersten Auftritten im Männerbereich. Anfang Mai 1966 musste er jedoch seinen Armeedienst antreten, den er sportlich kickend beim Zweitligisten Vorwärts Neubrandenburg verbringen konnte. Anderthalb Jahre später kehrte er als Zivilist nach Cottbus zurück und lief ab November 1967 in der DDR-Liga-Staffel Nord für seinen Ex-Verein auf, dessen Fußballer sich Anfang 1968 auf Beschluss von oben als BSG Energie aus dem SC Cottbus ausgegliedert hatten. Energie wurde Zweiter hinter dem ein Jahr zuvor aus der Oberliga abgestiegenen Berliner FC Dynamo, mit dem Lauck noch mal entscheidend Kontakt haben sollte.

Schon im Mai 1968 ging es gleich im Anschluss an den letzten Spieltag nach Berlin – jedoch nicht zu Dynamo, sondern zum 1. FC Union. Für diesen durfte er noch im laufenden Wettbewerb des FDGB-Pokals antreten, und zwar im Endspiel. Das gewannen die Unioner in Halle gegen den haushohen Favoriten Carl Zeiss Jena mit 2:1. So holte Lauck im ersten Pflichtspiel für Union gleich den einzigen Titel, den die Wuhlheider bislang errangen. Sein Teamkollege

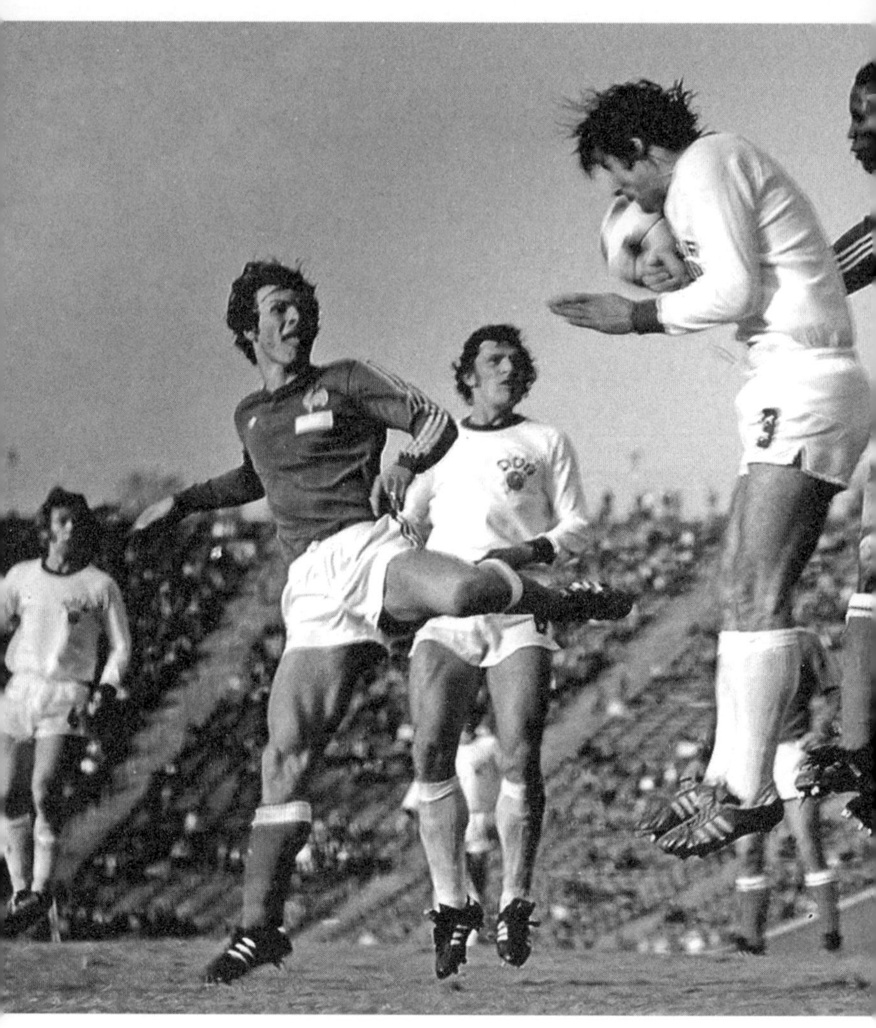

Günter Hoge staunte, dass der Neue gleich in der Anfangself stand: »Keiner kannte Lauck (...) und du wirst es nicht für möglich halten: Der Trainer (Werner Schwenzfeier – d. A.) macht die Aufstellung, und da steht Mäcki Lauck drin.«

Dieser furiose Einstieg Laucks sollte halten, was er versprach. Lauck avancierte dank seiner Leistungen zum

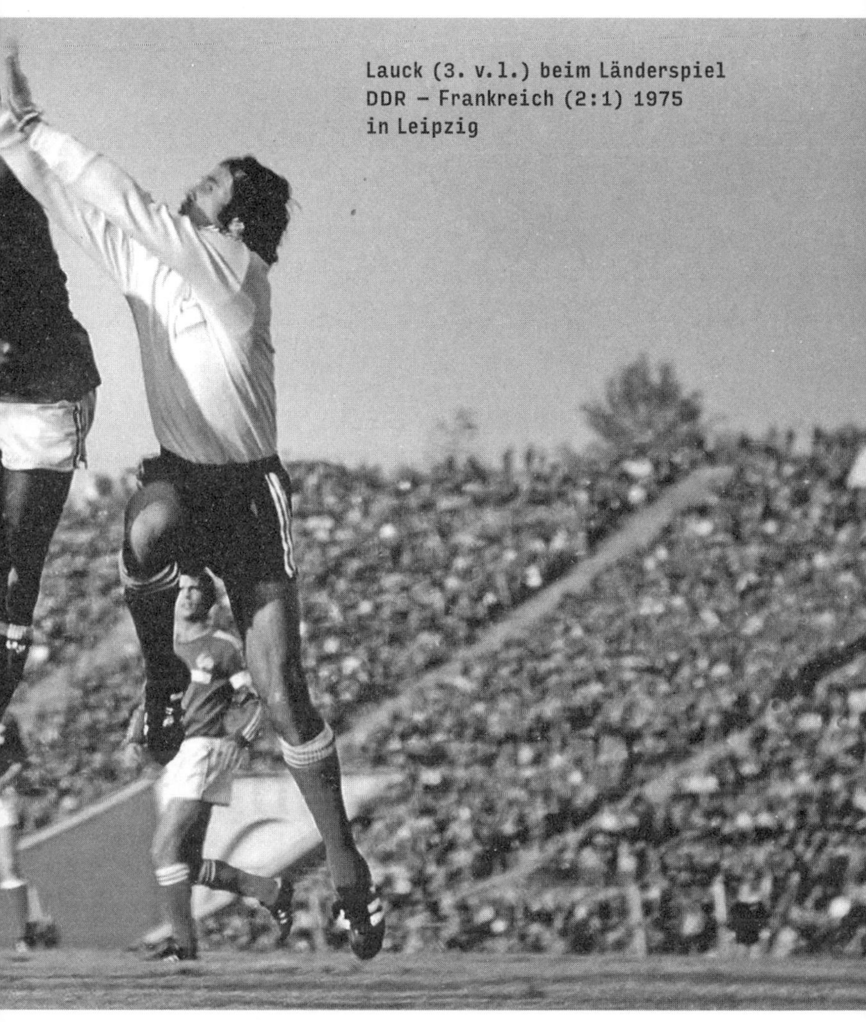
Lauck (3. v.l.) beim Länderspiel DDR – Frankreich (2:1) 1975 in Leipzig

Stammspieler. Mannschaftskamerad Hartmut Felsch sah in ihm einen »echten Antreiber«. Bis 1973 absolvierte Lauck 145 Pflichtspiele (23 Tore) für die »Eisernen« und wurde dabei auch zum Auswahlspieler. Doch 1973 stieg Union ab. Lauck wechselte zum Erzrivalen BFC Dynamo. Unklar ist bis heute, ob er zu dem Wechsel von Verbands- und Dynamo-Funktionären gedrängt wurde oder selbst

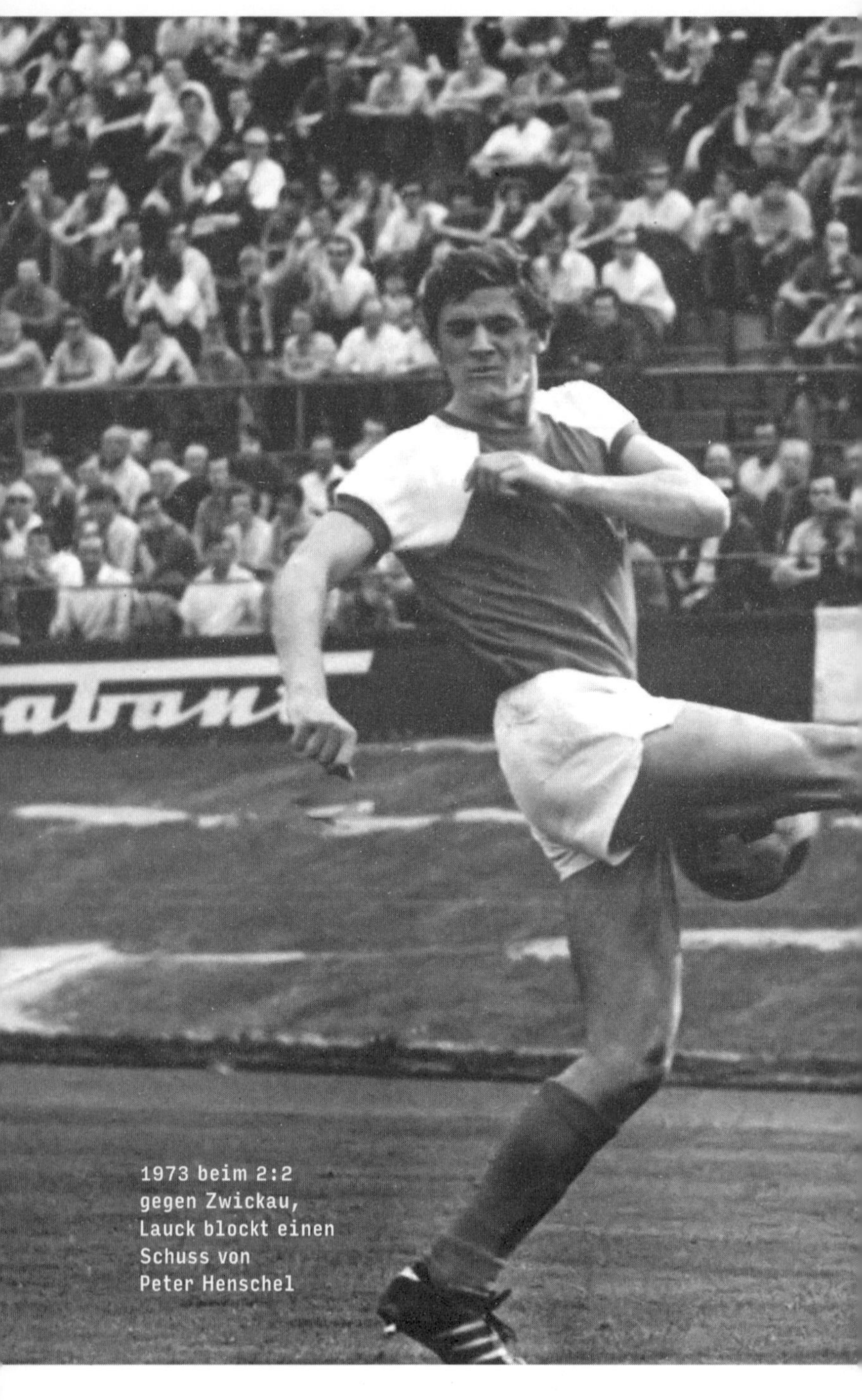

1973 beim 2:2 gegen Zwickau, Lauck blockt einen Schuss von Peter Henschel

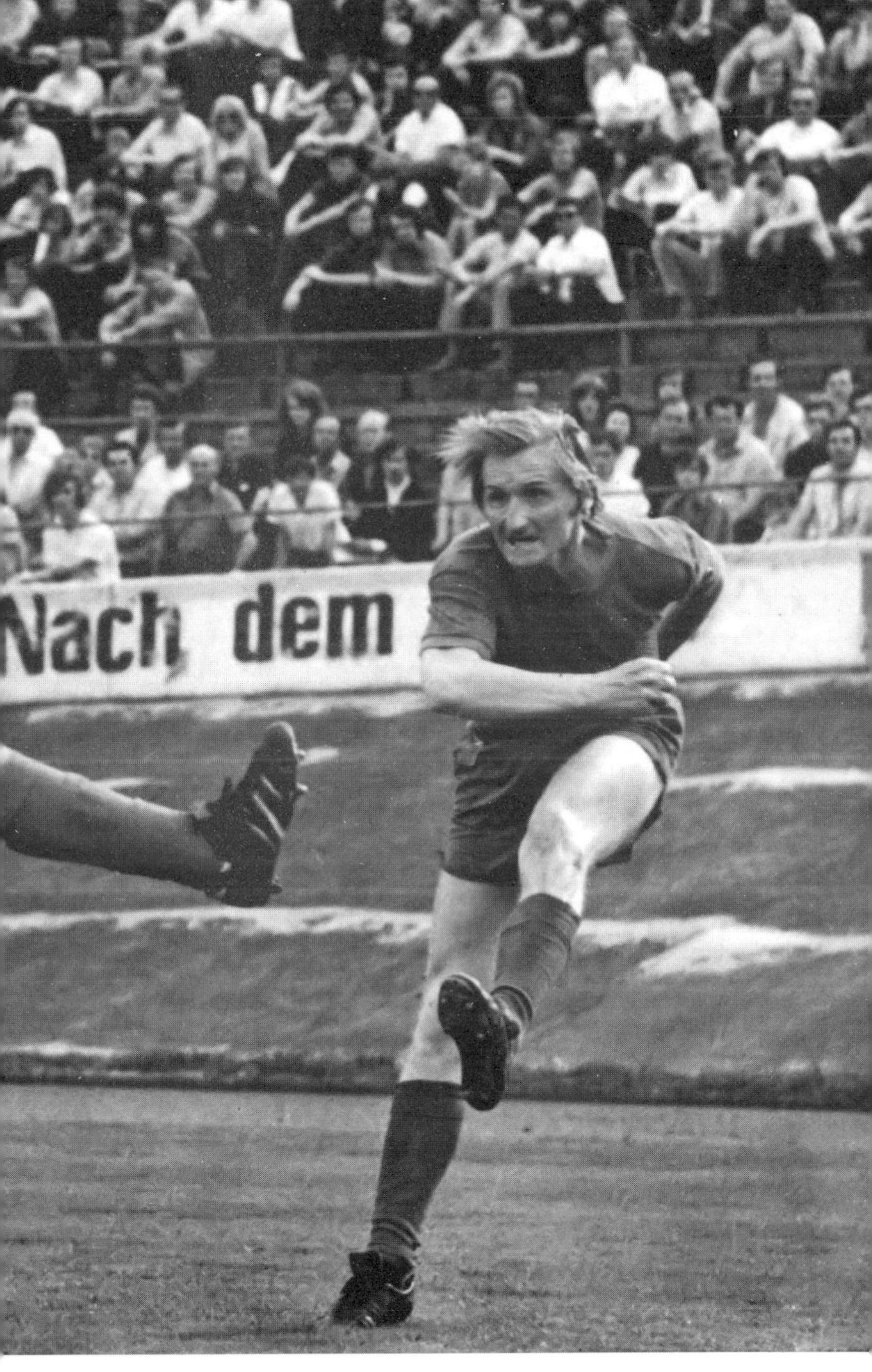
Nach dem

wechseln wollte, um in der Oberliga und Nationalmannschaft zu bleiben. Mäcki Lauck kann dazu nicht mehr befragt werden, weil er nach 1990 zunehmend dem Alkohol verfiel und 1997 – wohl infolgedessen – nach einem Sturz mit nur 51 Jahren verstarb. Aussagen von Zeitzeugen zu Laucks von den Union-Fans sehr bedauerten Weggang zum BFC sind widersprüchlich oder meist unklar. Fans sollen ihn sogar an der Wohnungstür angebettelt haben, weiter an der Alten Försterei zu spielen. Am wahrscheinlichsten ist, dass er einfach deshalb wechselte, weil er Nationalspieler bleiben wollte.

Beim Stadtrivalen BFC Dynamo schaffte Lauck jedenfalls beachtliche Erfolge. Er wurde 1979 und 1980 DDR-Meister, kam für die Weinroten auf 152 Oberligaspiele, in denen er 29 Tore erzielte. Eine stattliche Quote für einen eher defensiven Mittelfeldspieler. In der DDR-Auswahl stand er 33-mal (Union: 5, Dynamo: 28). Dreimal bei der WM 1974, wo er beim legendären 1:0 über die gastgebende westdeutsche Elf Spielmacher Wolfgang Overath an die Kette legte. Mit der DDR-Olympia-Elf, für die er siebenmal auflief, errang er 1976 in Montreal Gold. Diesen Erfolg soll er weit höher geschätzt haben als das 1:0 über das DFB-Team.

Kniebeschwerden zwangen ihn 1981, seine Leistungssportlaufbahn zu beenden.

»Du gehst nicht dort rüber«

Rainer Sachse wurde mit harten »Argumenten« zu Dynamo gelotst

Rainer Sachse war nach Hans-Jürgen »Hansi« Kreische Dynamos torgefährlichster Spieler der »Goldenen Siebziger«: In 172 Oberligaspielen erzielte er siebzig Tore für die Dresdner, in 32 Europapokalpartien bejubelte er sechs Treffer.

Dabei war Dynamo für Sachse zunächst ein rotes Tuch. »Ich stürmte 1968 für die FSV Lok Dresden. Wir gastierten im Stadtderby vor 25 000 Zuschauern bei Dynamo. Ich schoss zwei reguläre Tore, aber der Schiedsrichter pfiff beide zurück. Der hatte sicher einen Parteiauftrag, denn Dynamo Dresden war gerade erst zum Leistungszentrum auserkoren worden. Statt 2:0 zu führen, unterlagen wir am Ende mit 0:2«, erinnert er sich. »Meine Eltern meinten danach: Du gehst nicht dort rüber.«

Es kam anders. »Ich bekam den Einberufungsbefehl, und mir wurde klipp und klar gesagt: Entweder du spielst bei Dynamo, oder wir schicken dich in den Norden nach Eggesin.« Nach vier Wochen Grundausbildung zog sich Sachse im Herbst 1969 erstmals das Dynamo-Trikot über. »Natürlich habe ich den Schritt nie bereut.« Mit Rücksicht auf fünf Meistertitel und zwei Pokalsiege kommt dieses Fazit auch nicht überraschend. 1977 wurde Sachse sogar zweimal in die DDR-Nationalmannschaft berufen, kam in Rumänien (1:1) und in Buenos Aires gegen Argentinien (0:2) zum Einsatz.

Im Europapokal stand Sachse bei den historischen Duellen 1973 gegen Juventus Turin (2:0, 2:3) und Bayern

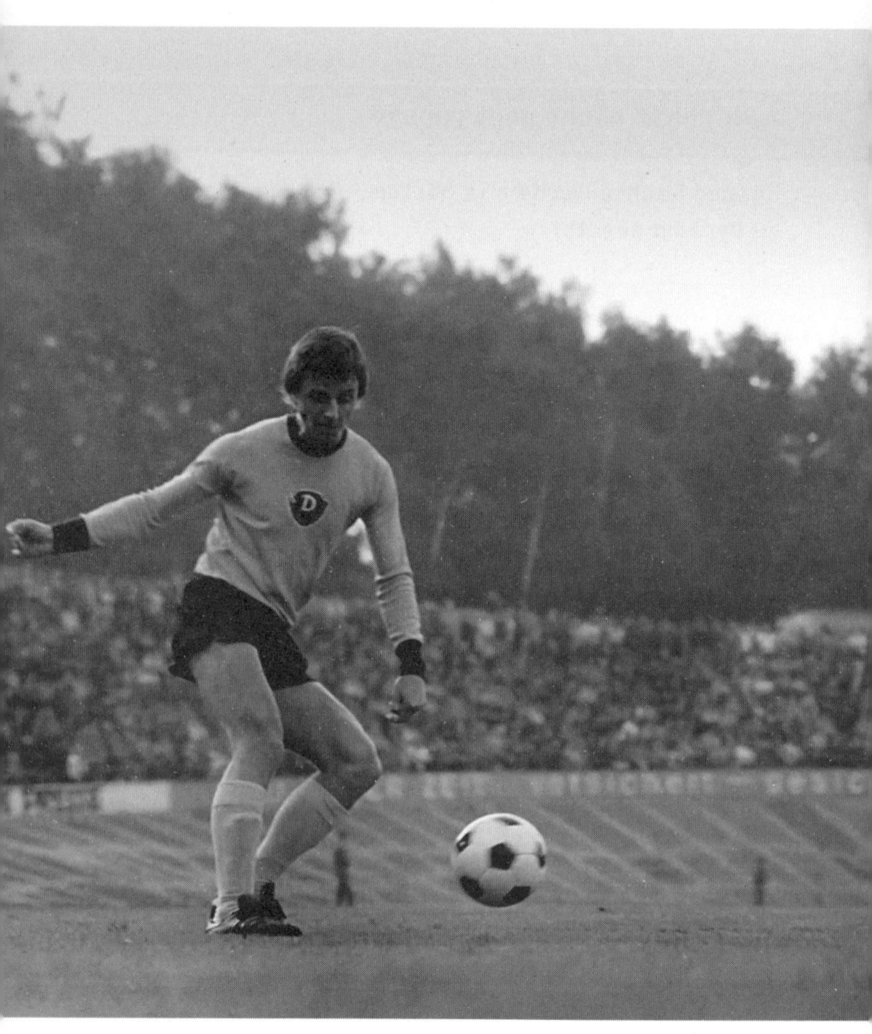

München (3:4, 3:3) jeweils in der Startelf. Beim EC-Rückspiel in Turin schockte er die rund 80 000 Tifosi mit dem Anschlusstreffer zum 2:3 eine Viertelstunde vor Spielende. Im Münchner Olympiastadion traf er doppelt. Der Schock folgte zwei Tage später. »Ich wurde zum Vereinschef bestellt, weil der Bruder meines Vaters, der in Bremen lebte, Kontakt zur Familie aufgenommen hatte.« Dabei wollte der

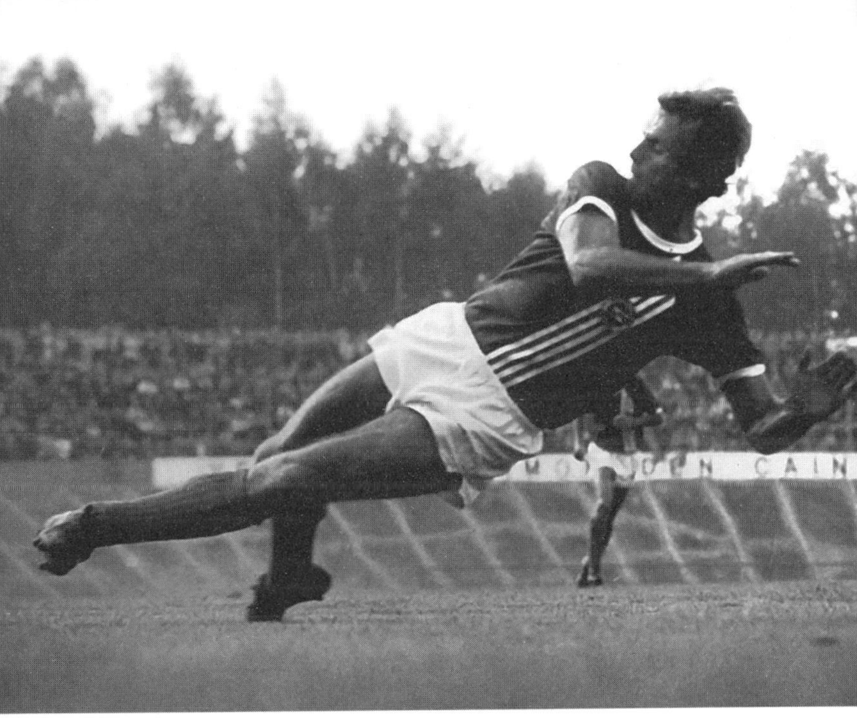
1979, Sachse (l.) gegen Zwickaus Roland Stemmler

Onkel nur wissen, ob Dresdens zweifacher Torschütze tatsächlich »der Rainer« gewesen sei. Die Forderung des Vereins war erschreckend: »Ich sollte mich von meinen Eltern trennen«, erzählte er einst bei einer Talkrunde im Schönefelder Schloss. Er tat es nicht und durfte trotzdem für Dynamo weiterspielen. »Ich habe die ganz großen Torhüter dieser Welt überwunden«, verrät Sachse mit berechtigtem

Stolz. Neben dem Italiener Dino Zoff und dem Münchner Sepp Maier gehört auch der Engländer Ray Clemence dazu. Im Oktober 1977 waren die Dresdner an der Anfield Road mit 1:5 unter die Räder gekommen, trotzdem war das Rudolf-Harbig-Stadion zwei Wochen später zum Rückspiel restlos ausverkauft. Und nach Toren von Peter Kotte und Rainer Sachse schien nach 52 Minuten sogar die Sensation möglich, aber Steve Heighway entledigte die Liverpooler mit dem Anschlusstor schließlich aller Sorgen. Wenige Monate zuvor hatte Sachse im FDGB-Pokalendspiel gegen Lok Leipzig (3:2) mit zwei Toren großen Anteil am Triumph. Dabei lagen die Dynamos vor 55 000 Zuschauern in Berlin bis zur 85. Minute hinten, ehe Gerd Weber und Rainer Sachse die Wende herbeiführten.

Drei Jahre später wechselte der Stürmer zur BSG Stahl Riesa, so wie es einst auch Torhüter Claus Boden und sein langjähriger Freund Frank Richter getan hatten. Eine Delegierung war das allerdings nicht – im Gegenteil. Sachse wollte sich mit der anstehenden Jokerrolle bei Dynamo nicht zufriedengeben. Und Spieler jenseits der dreißig standen bei Trainer Walter Fritzsch ohnehin nicht besonders hoch im Kurs. Dynamos Vereinsführung wollte Sachse trotzdem nicht elbabwärts ziehen lassen. »Wir legen dich auf Eis, und dann spielst du nie wieder Fußball«, drohte der damalige Vereinschef Horst Rohne. Der Nicht-Genosse Sachse wandte sich an die Partei und den Ratschef des Bezirks Dresden – und durfte zu Stahl wechseln.

Sachse, beidfüßig und kopfballstark, tat auch in Riesa das, was er am besten konnte: Tore schießen. Trotzdem stiegen die Riesaer aus der Oberliga ab. In der Folgesaison wurde Sachse Torschützenkönig in der DDR-Liga, aber Stahl scheiterte in der Aufstiegsrunde. Erst 1983 kehrte Riesa ins Oberhaus zurück, zwei Jahre später beendete Sachse seine Laufbahn.

Dem runden Leder blieb er treu, indem er zunächst als Jugendtrainer in Riesa arbeitete. Von 1986 bis 1989 coachte er Stahl Freital und führte das Team 1988 in die Bezirksliga. 1989 wechselte die komplette zweite Mannschaft von Dynamo Dresden zur TSG Meißen. Sachse übernahm den Trainerposten im Zweitliga-Team und holte zwei Ex-DDR-Auswahlspieler in die Domstadt. Udo Schmuck wurde Co-Trainer, Frank Richter konnte er als Geschäftsführer gewinnen. In Meißen arbeitete Sachse bis 1997. Krankheitsbedingt musste er seine fußballerische Laufbahn ad acta legen und gründete 1994 einen Transport- und Kurierdienst. Auch nach seiner aktiven Zeit hielt er als regelmäßiger Stadion-Besucher zu Dynamo.

Zwei Klassen nach unten gerutscht

Wie Harro Miller einen verunglückten Vereinswechsel wegsteckte

Harro Millers gravierendster Vereinswechsel hatte zugegebenermaßen so gar nichts von einer Delegierung. Im Gegenteil, er wird hier als eher verunglückter Wechsel aufgeführt, der einerseits das DDR-Sportsystem beleuchtet und andererseits zeigt, wie man die damit verbundenen Schwierigkeiten wegstecken konnte.

Der gebürtige Karl-Marx-Städter war 1969 ein bei Wismut Aue und damit in der Oberliga etablierter Spieler. Hinter ihm lag sogar, wie er selbst sagt, eine Supersaison. Trotzdem entschloss er sich nach fünf Jahren im Erzgebirge zum Wechsel nach Eisenhüttenstadt, wo die BSG Stahl gerade den Aufstieg in die Oberliga geschafft hatte. Neben diesem sportlichen Sprung der völlig neu aufgebauten Stadt war der dortige Trainer ein Grund für Millers Wechselabsicht. Denn bei Stahl wurde Verbandstrainer Manfred Fuchs Übungsleiter (wie man zu DDR-Zeiten oft sagte). Der unterdessen 29-jährige Miller kannte ihn von B-Auswahlberufungen. Und noch etwas bewegte Miller, der 1968 ein Fernstudium zum Diplom-Sportlehrer abgeschlossen hatte: »Ich wurde zur Gebietsleitung der Wismut (Trägerbetrieb des Vereins – d. A.) bestellt und sollte noch ein mehrjähriges sogenanntes gesellschaftswissenschaftliches Studium absolvieren.« Auf ein weiteres Studium, noch dazu derlei »Rotlicht-Bestrahlung«, wie solche Lehrgänge inoffiziell gern genannt wurden, hatte der Libero keine Lust. Alternativ lockten Fuchs und sein Ex-Leipziger Co-Trainer Hans Studener in Eisenhüttenstadt mit der Perspektive, dort ein wissenschaftliches Fußball-Trainingszentrum aufzubauen. Auch die finanziellen Bedingungen schienen dafür gut, denn hinter dem Verein stand das potente EKO, das Eisenhüttenkombinat Ost. Aber Geld war für Millers Entscheidung eher nebensächlich, denn auch in Aue wurde sehr gut bezahlt. »Ich habe in Eisenhüttenstadt sogar weniger bekommen«, betont er.

Offen ausgesprochen gegen den Studienvorschlag aus Aue hat er sich nicht. Das wäre ihm politisch eventuell zum Nachteil ausgelegt worden. Trotzdem teilte er den Auern seine Wechselabsicht mit, in der Annahme, dass man akzeptieren werde. Als er bereits bei »Hütte« mittrainierte, ereilte ihn jedoch eine bestürzende Nachricht. Die BSG Wismut hatte Miller, ebenso wie den gleichfalls wechselwilligen Eckhardt Lange, keinesfalls freigegeben und in der Folge über die Rechtskommission des Deutschen Fußball-Verbands bis zum 30. Juni 1970 für jegliche Spiele gesperrt, also fast für ein Jahr lang. Damit waren die sportlichen Pläne Millers erst einmal geplatzt, trotz aller Bemühungen um Revision dieses drakonischen Urteils.

Es kam aber noch schlimmer. Als Miller endlich spielen durfte, war Stahl wieder zweitklassig. Den Abstieg in die DDR-Liga Nord musste er tatenlos mitansehen. Doch auch damit hatte die Pechsträhne ihr Ende nicht erreicht. Im selben Jahr 1970 setzte der DFV den sogenannten Fußball-Beschluss durch, der die sportlichen Leistungen steigern, zugleich aber die Kontrolle über die Vereine erhöhen sollte: wie sie mit Geldern umgehen und ob sie den vermeintlichen Amateurstatus einhalten. In Eisenhüttenstadt wie auch bei einigen anderen Vereinen (Stahl Riesa, Aktivist Schwarze Pumpe zum Beispiel) wurde man fündig. Und das mündete für die Eisenhüttenstädter und damit auch für Miller in die Abstufung zur Bezirksliga. Somit fand sich der Spieler ohne eigene Schuld im September 1970 in der drittklassigen Bezirksliga Frankfurt (Oder) wieder – zwei

Klassen tiefer als ursprünglich gedacht. Zudem sperrte man vier Spieler für ein Jahr und die beiden Trainer sowie Funktionäre für zwei Jahre. Der Urteilsbegründung zufolge »wurden finanzielle Mittel verschiedener Fonds des Betriebes unberechtigt für sportliche Zwecke verausgabt. Es wurden unberechtigt Zuwendungen gezahlt und somit die Mittel der Werktätigen gröblichst und fahrlässig zum Teil

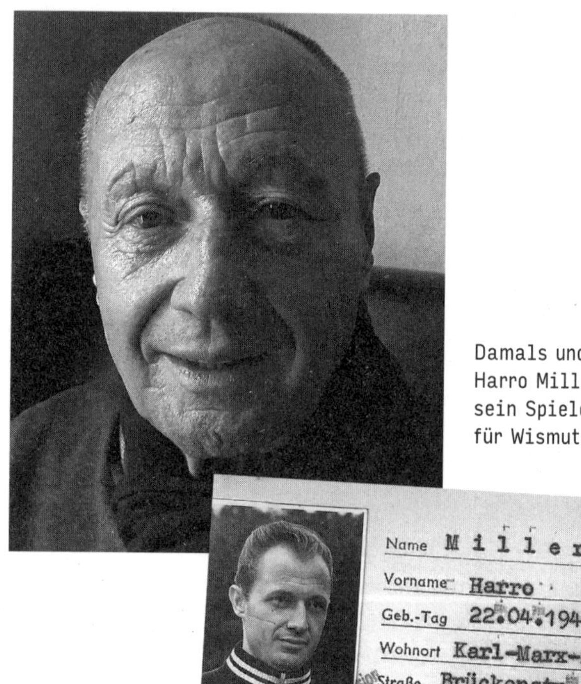

Damals und heute, Harro Miller und sein Spielerpass für Wismut Aue

für persönliche Zwecke missbraucht. Es wurden die gesetzlichen Arbeitszeitregelungen gröblichst missachtet.«

Miller musste also einige Zeit statt zu trainieren mit dem Fahrrad durchs große Werksgelände fahren, war tagsüber aber als wissenschaftlicher Mitarbeiter für organisatorische Aufgaben im sportlichen Bereich beschäftigt. Trainiert wurde den strengen Vorgaben entsprechend in der Bezirksliga erst abends. Sportlich ging es dennoch wieder bergauf, Stahl schaffte umgehend den Sprung in die DDR-Liga und erreichte dort 1971/72 als Aufsteiger auch gleich die Aufstiegsrunde zur Oberliga. Dann verpassten aber die Eisenhüttenstädter knapp den Durchmarsch nach ganz oben, der dritte Rang reichte nicht. »Es war allerdings komisch, dass mit Grebasch einer unserer wichtigsten Spieler unmittelbar vorm entscheidenden Spiel gegen Chemie Leipzig zur Armee eingezogen wurde«, erinnert sich Miller und glaubt dabei bis heute nicht an einen Zufall.

Eine Trainerkarriere folgte, zunächst als Co-Trainer bei Vorwärts Frankfurt (Oder), 1978 dann beim 1. FC Lok Leipzig (seit 1979 als »verantwortlicher Oberliga-Trainer«). Dort holte er 1981 den FDGB-Pokal sowie 1982, 1984 und 1985 jeweils den dritten Platz in der Oberliga. International scheiterte Lok in der Saison 1981/82 des Europapokals der Pokalsieger erst im Viertelfinale am FC Barcelona. Ab 1985 wirkte Miller mit dem Leipziger Wilfried Gröbner als Coach der DDR-Olympia-Auswahl, später noch bei Vorwärts Dessau und im sportwissenschaftlichen Zentrum Leipzig. Nach der politischen Wiedervereinigung arbeitete er als Trainer beim 1. FC Markkleeberg, beim VfB Leipzig als Co-Trainer und Leiter der Amateur-Abteilung, dann beim Bornaer SV, beim VfL Halle 96, bei Frisch Auf Wurzen und dem SSV Markranstädt. Heute lebt Miller in Markkleeberg bei Leipzig. Auf seinen durch die Umstände unverschuldet missglückten Wechsel von Aue nach Eisenhüttenstadt blickt er mit Altersmilde und schmunzelnd zurück.

Straße fegen als Vorbereitung fürs Startelf-Debüt

Wolfgang Andreßen wird bald darauf per Versetzungsbefehl delegiert

Beispiele und Wege, wie der zentrale Armeefußballclub der DDR, der FC Vorwärts Berlin alias Frankfurt (Oder), seine Spieler im engeren Sinne des Worts rekrutierte, gibt es natürlich viele. Stellvertretend soll hier die Geschichte von Wolfgang Andreßen erzählt werden. Während manche im eigenen Nachwuchsbereich des Clubs ausgebildet wurden, zählte Andreßen zu den zahlreichen Spielern, die per Einberufungsbefehl zu Vorwärts delegiert wurden. Allerdings waren die Vorwärts-Oberen dabei durchaus wählerisch.

Nachdem der Verein 1953 aus einer Art Zwangsversetzung der Leipziger Kicker der Kasernierten Volkspolizei (dem NVA-Vorläufer) nach Berlin (zunächst als SV Vorwärts, danach noch mehrfach leicht umbenannt) gebildet worden war, gelang ihm nach und nach der Aufstieg zum Spitzenclub, der als ASK Vorwärts sowie FC Vorwärts Berlin immerhin sechsmal DDR-Meister wurde.

Als Andreßen 1970 in Berlin ankam, lag der sechste Titel des FC Vorwärts nur ein Jahr zurück, und der FCV hatte die aktuelle Saison auf dem zweiten Platz abgeschlossen. Logisch, dass es kein leichtes Unterfangen war, in dieser erfolgreichen Truppe einen Stammplatz zu erringen. Es spricht für den damals noch Neunzehnjährigen, dass ihn Vorwärts erstens überhaupt auf der Wunschliste hatte, er sich zweitens dort auch zügig durchsetzte und drittens elf Jahre lang auf beachtlichem Niveau spielte.

Doch der Reihe nach. Geboren wurde der spätere Außenverteidiger genau Heiligabend 1950 in Wurzen bei Leipzig. Er begann 1959 bei Dynamo Wurzen organisiert zu kicken, wechselte schon ein Jahr darauf zum Platzhirsch Empor Wurzen. Dort fiel er bald als Talent auf und geriet so spätestens 1967 ins Visier des Bezirksleistungszentrums 1. FC Lok Leipzig. »Ich sollte 1967 zu den Blau-Gelben, hatte aber in Wurzen schon eine Lehrstelle bei einem renommierten Motorenhersteller, weshalb ich die Delegierung zu Lok mit triftigem Grund ablehnte«, erzählt Andreßen.

So kam Nationalspieler Manfred Walter ins Spiel. Der Libero von Chemie Leipzig wohnte ebenfalls in Wurzen und hatte den Youngster für sein Team im Blick. Doch dem Meisterkapitän von 1964 war es wohl unangenehm, selbst bei dem Talent vorzusprechen. Er schickte zunächst seine Frau Renate vor. Auf diese etwas umständliche Art machte Walter Andreßen klar, dass man als Wurzener nicht zu Lok, sondern zum damals weitaus populäreren Konkurrenten Chemie zu gehen habe. Der Jüngling folgte dem Hinweis, auch aus Respekt vor Walter. Und Chemie ersetzte die attraktive Lehrstelle durch eine andere in Leipzig.

Bei den Grün-Weißen schaffte der Neue 1968 sofort den Sprung in die Junioren-Oberligamannschaft. In der ersten Mannschaft saß er zunächst bei einigen Spielen als Einwechsler auf der Bank und kam nur einmal – noch als Junior – zum Einsatz, ehe er mit etwas Glück zum ersten Mal von Beginn an auflaufen durfte. Als im September 1969 das Punktspiel bei Dynamo Dresden anstand, war Andreßen nicht einmal nominiert. Rechtsverteidiger Bernd Dobermann fiel allerdings kurzfristig aus. Der Spielerrat, allen voran Walter, empfahl Trainer Otto Tschirner, den jungen Andreßen spielen zu lassen. Den erreichte die Nachricht am Samstagvormittag, also wenige Stunden vor dem Spiel: »Ich kehrte zu Hause gerade die Straße, da fuhr ein Wolga unseres Trägerbetriebs vor. Der Fahrer sagte mir, ich solle sofort mitkommen, es gehe nach Dresden zum Spiel.« Dabei ging die Fuhre erst einmal in die entgegengesetzte Richtung, weil Andreßen seine Spielschuhe in Leipzig-Leutzsch hatte. Dort war glücklicherweise Platzwart und Ex-Nationalspieler Walter Rose (der Großvater des heutigen Bundesliga-Coachs Marco Rose) zugegen, um die Kabine aufzuschließen. »Dann sind wir im Affenzahn aus Leipzigs Nordwesten nach Dresden gerast. Wohlgemerkt auf der Landstraße, denn die A 14 war erst im Bau«, erinnert sich Andreßen heute amüsiert an die Dramatik. Es folgten zehn weitere Erstliga-Spiele für Chemie, unter anderem auch gegen Vorwärts Berlin. Dabei legte der Youngster den prominenten Berliner Kapitän Jürgen Nöldner nicht nur an die Kette, sondern provozierte den eigentlich sehr fairen Nationalspieler zu einem Tritt, der diesem den ersten und einzigen Feldverweis seiner Laufbahn einbrachte. Daran sollte Andreßen bald wieder erinnert werden.

Denn wenig später erhielt er den Einberufungsbefehl zu den DDR-Grenztruppen. Er musste sich in Eisenach einfinden. Doch da die Fußballer der Grenztruppen in der Armeesportgemeinschaft Vorwärts Meiningen spielten, hatten sie Andreßen schon auf ihrem Zettel. Selbst in seinen ersten zehn Armeetagen wurde er darum täglich mit einem Auto nach Meiningen zum Training gefahren, ehe man ihn ganz bei den Gala-Kickern der Grenzer stationierte. Was ungewöhnlich war für einen einfachen Soldaten, da die Zweitliga-Teams der Armee üblicherweise nur Akteure aufnahmen, die sich für mindestens drei Jahre Dienst verpflichteten. Andreßen hatte das nicht getan – noch nicht.

Dennoch parkte der zentrale Armeeclub in Berlin Andreßen in Thüringen offenbar mit Absicht. Denn nach wenigen Wochen erhielt er in der Sommerpause 1970 den Befehl, sich bei Vorwärts Berlin zu melden. Und zwar in militärisch knappem Ton, ohne die Frage, ob er das auch wolle.

»Ich fand ein Telegramm vom Berliner Stadtkommandanten der NVA, Generalmajor Poppe, auf meinem Bett, dass ich mich in der Berliner Dienststelle des FC Vorwärts einzufinden habe«, erinnert sich der ehemalige Rekrut. Auch seine Vorgesetzten in Meiningen wurden nicht gefragt, sie erhielten den Versetzungsbefehl für Andreßen gen Hauptstadt. Dort machte man ihm das Dasein als Erstligaspieler

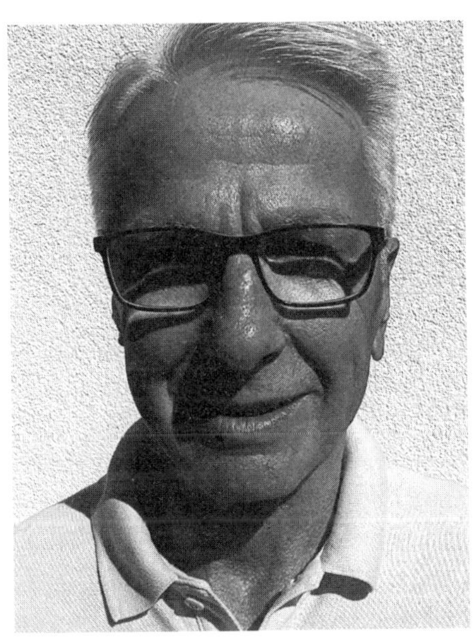

Wolfgang Andreßen, 2021

unter NVA-Regie schmackhaft, und auch sein Quasi-Mentor Manfred Walter riet ihm zu dem Schritt, weil sich abzeichnete, dass der Spieler nach seiner Armeezeit ohnehin zu einem Leistungsclub werde gehen müssen und als Auswahlkader (neun Berufungen in die U23 der DDR) auf Verbandsorder nicht wieder zu Chemie zurückkehren dürfte. Er verpflichtete sich also zunächst zu einer dreijährigen Dienstzeit, die mit Armeedienst freilich fast nichts, dafür eher mit Profitum zu für DDR-Verhältnisse sehr auskömmlichen Konditionen zu tun hatte. »Die Bezahlung war sehr gut, eine Wohnung gleichfalls kein Problem«, erinnert sich Andreßen.

Auch sportlich fasste er in der mit starken Spielern gespickten Truppe erstaunlich schnell Fuß. Ein kleines Anfangshindernis gab es allerdings: Bei seinem ersten Wiedersehen mit dem vor kurzem noch heftig beharkten Nöldner erwiderte dieser den Gruß des Neuen mit keiner Regung. »Nach dem ersten Training wurde er dann aber umgänglicher, und wir waren zeitweise sogar Zimmerkumpel.«

Da Vorwärts 1970 als Vizemeister den FDGB-Pokal gewonnen hatte, starteten die Berliner im Europapokal der Pokalsieger. So kam Andreßen schon im Oktober desselben Jahres in Lissabon bei Benfica zu seinem ersten EC-Einsatz. »Ein großartiges Erlebnis für mich«, schwärmt er. Es ging noch bis ins Viertelfinale. Dort folgte eine Sache, die er bis heute nicht versteht: »Als wir vom 0:2 beim PSV Eindhoven zurückkehrten, teilte man uns noch auf dem Flughafen mit, dass der gesamte Club zur neuen Saison nach Frankfurt (Oder) verlegt wird.« (Mehr dazu im Kapitel »Umziehende Vereine«.) »Das gefiel vor allem den älteren Spielern, die Familie und Wohnung in Berlin hatten, natürlich gar nicht«, so Andreßen. Ihn traf die Nachricht nicht so sehr, doch die etablierten Stützen des Teams waren teilweise demoralisiert. Andreßen sieht darin einen der Gründe dafür, dass der FCV dann im Rückspiel nur 1:0 gewann und aus dem Wettbewerb schied.

Er kickte noch weitere zehn Jahre für die Gelb-Roten, schaffte dabei als Linksverteidiger oder Mittelfeldakteur von 1971 bis 1976 sogar eine Serie von 146 Oberligaspielen in Folge. Nach der Saison 1977/78 stieg er mit Vorwärts ab, dann jedoch gleich wieder auf. Insgesamt kam der bis zum Hauptmann beförderte Kicker auf 210 Partien im Oberhaus. Davon 199 für den FCV, elf für die Leipziger, zu denen er 1981 zurückkehrte und für sie noch bis 1983 in der zweiten Spielklasse aktiv war.

Später arbeitete er als Nachwuchstrainer bei Chemie. Von 1987 bis 1989 coachte er Chemie Velten und stieg mit den Randberlinern als Potsdamer Bezirksmeister in die DDR-Liga auf. Im heißen Wendejahr 1989 gelang ihm mit seiner Familie im zweiten Anlauf die Flucht in den Westen. Beim ersten Mal war er in Ungarn festgenommen, aber nicht an die DDR-Behörden übergeben worden, wodurch er zu seiner Erleichterung als normaler Tourist in die DDR zurückkehren durfte, statt inhaftiert zu werden. Die Erinnerung an die Kulanz des ungarischen Grenzers treibt ihm noch heute Tränen der Dankbarkeit in die Augen.

Nach der politischen Wende arbeitete Andreßen als Trainer des Spandauer SV, den er in die damals drittklassige Amateur-Oberliga führte. Weitere Stationen waren Teutonia Lippstadt, SpVgg Beckum und andere kleinere Vereine. Beruflich stieg er in einer angesehenen Firma in Beckum, wo er bis heute lebt, zum Reklamationsmanager auf.

Vom Ex-Meister und Absteiger nach Jena delegiert

Eberhard Vogel wollte und sollte weiter international spielen

Den Clubwechsel des Auswahlspielers Eberhard Vogel vom FC Karl-Marx-Stadt zum FC Carl Zeiss Jena kann man als Delegierung im Sinne der damaligen DDR-Sportoberen bezeichnen. Vogel war 1967 mit Karl-Marx-Stadt Meister geworden, nur drei Jahre danach aber ziemlich überraschend aus der Oberliga abgestiegen. Um weiter erstklassig und auch in den internationalen Wettbewerben spielen zu können, legte man dem Nationalspieler verbandseitig nahe, zum 1970 frisch gebackenen DDR-Meister nach Jena zu wechseln. Die Karl-Marx-Städter konnten sich gegen diese Absicht angesichts ihrer Zweitklassigkeit praktisch nicht wehren, wenngleich sie, wie sich zeigen sollte, schon nach einem Jahr wieder ins Oberhaus zurückkehrten.

Beim damals aktuellen Spitzenverein Jena wurde der gebürtige Frankenberger sofort wieder Stammspieler, obwohl die von Georg Buschner trainierte Zeiss-Truppe exzellent besetzt war und zudem damals trainingsmethodisch in der DDR führend. »Ich hatte deshalb anfangs im Training durchaus einige Eingewöhnungsprobleme«, gesteht der ehemalige Linksaußen. »Das Training war deutlich härter als in Karl-Marx-Stadt.« Vogel blieb bei den Thüringern, die sich zu dieser Zeit regelmäßig für die internationalen Wettbewerbe Europa- oder UEFA-Cup qualifizierten.

In Karl-Marx-Stadt hatte man nach dem Titelgewinn offenbar die Trainingsintensität – und wohl auch ein paar andere Dinge – etwas schleifen lassen, was zu besagtem

Niedergang führte. In Jena trainierte man unter Buschner hingegen nach modernsten Methoden, vor allem auf Athletik legte der Coach wert. Nicht von ungefähr wurde er im selben Jahr auch zum DDR-Auswahltrainer berufen, ein Jahr lang parallel zu seiner Cheftrainerfunktion im Club. Dann übernahm der junge Hans Meyer den FC Carl Zeiss, für den er selbst auch gespielt hatte. Unter Meyer entwickelte sich Vogel weiter sehr gut. Mit dem FC Carl Zeiss brachte er es schließlich auf 47 Europapokalspiele, darunter 1981 das EC-Finale der Pokalsieger gegen Dinamo Tiflis, das knapp mit 1:2 verloren ging. Dreimal wurde er mit den Thüringern FDGB-Pokalsieger. Erst 39-jährig beendete er 1982 seine aktive Laufbahn, in der er auf 440 Oberligaspiele kam – 198 für den FCK und 242 für die Jenaer. Damit schaffte er die meisten Erstliga-Einsätze aller DDR-Kicker. Für Karl-Marx-Stadt schoss er dabei siebzig Tore, für den FC Carl Zeiss 118. Für die DDR-Nationalmannschaft spielte er 74-mal und trug sich 25-mal in die Torschützenliste ein. Für die Olympia-Mannschaft, mit der er 1964 und 1972 jeweils Bronze gewann, lief er 25-mal auf. Unvergessen ist sein Treffer im Qualifikationsspiel gegen die UdSSR am 28. Juni 1964. Nachdem Hin- und Rückspiel jeweils remis ausgegangen waren, gewann die DDR das notwendig gewordene Entscheidungsspiel in Warschau 4:1, wobei Vogel mit dem linken Außenrist einen Eckball direkt unterbrachte. Sein wohl spektakulärster Treffer in der A-Auswahl gelang ihm im Londoner Wembley-Stadion am 25. November 1970. Die DDR unterlag standesgemäß 1:3, das Ehrentor setzte der Linksaußen aus gut 25 Meter Entfernung ins Netz, einmal mehr scharf mit seinem starken linken Fuß.

Noch als Aktiver qualifizierte sich Vogel zum Diplom-Sportlehrer. So konnte er nach seiner Laufbahn als Nachwuchstrainer im Deutschen Fußball-Verband der DDR wirken. Die A-Junioren führte er 1986 zum Europameistertitel, mit der U20-Mannschaft wurde er WM-Dritter und mit der

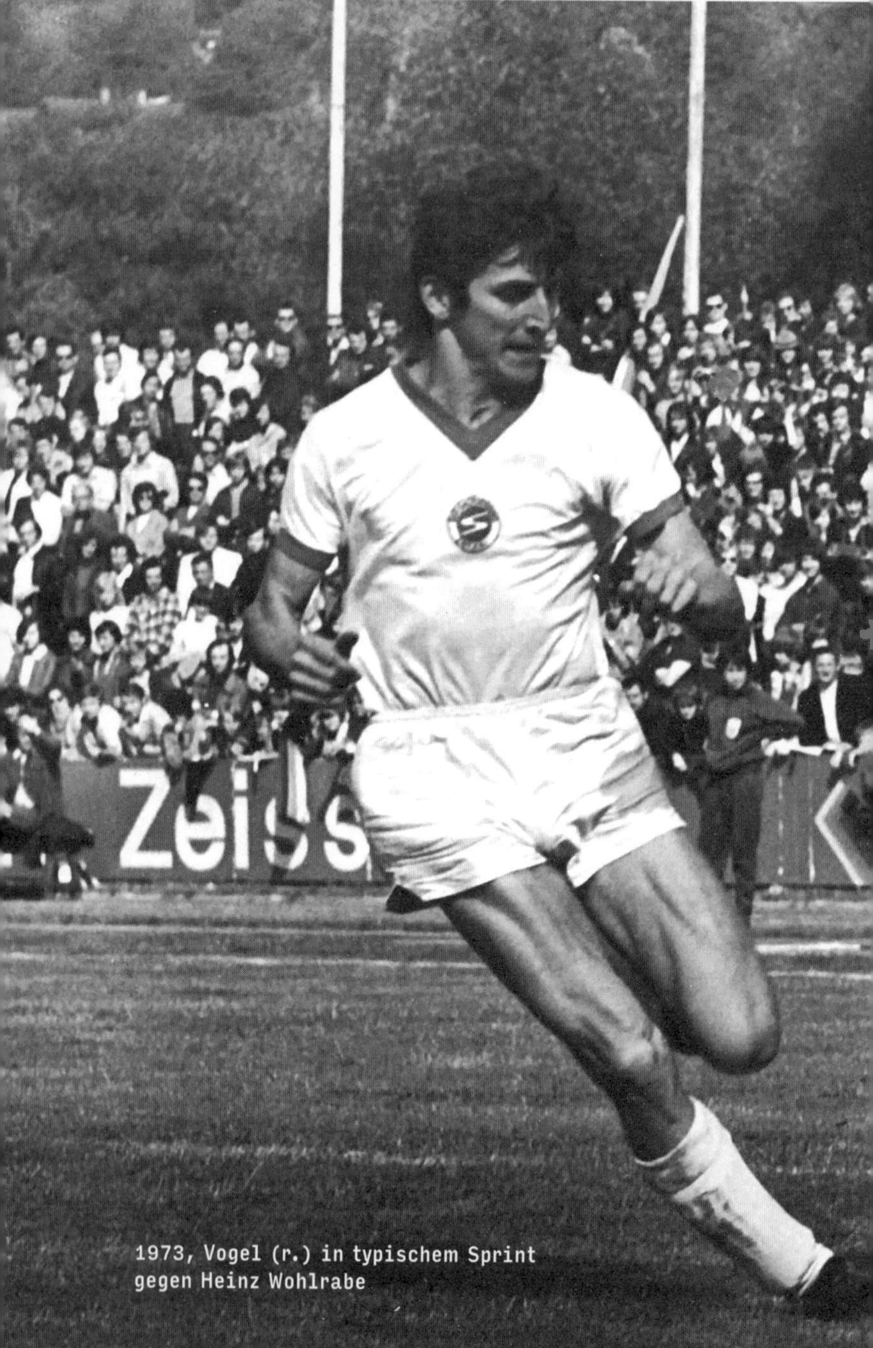

1973, Vogel (r.) in typischem Sprint
gegen Heinz Wohlrabe

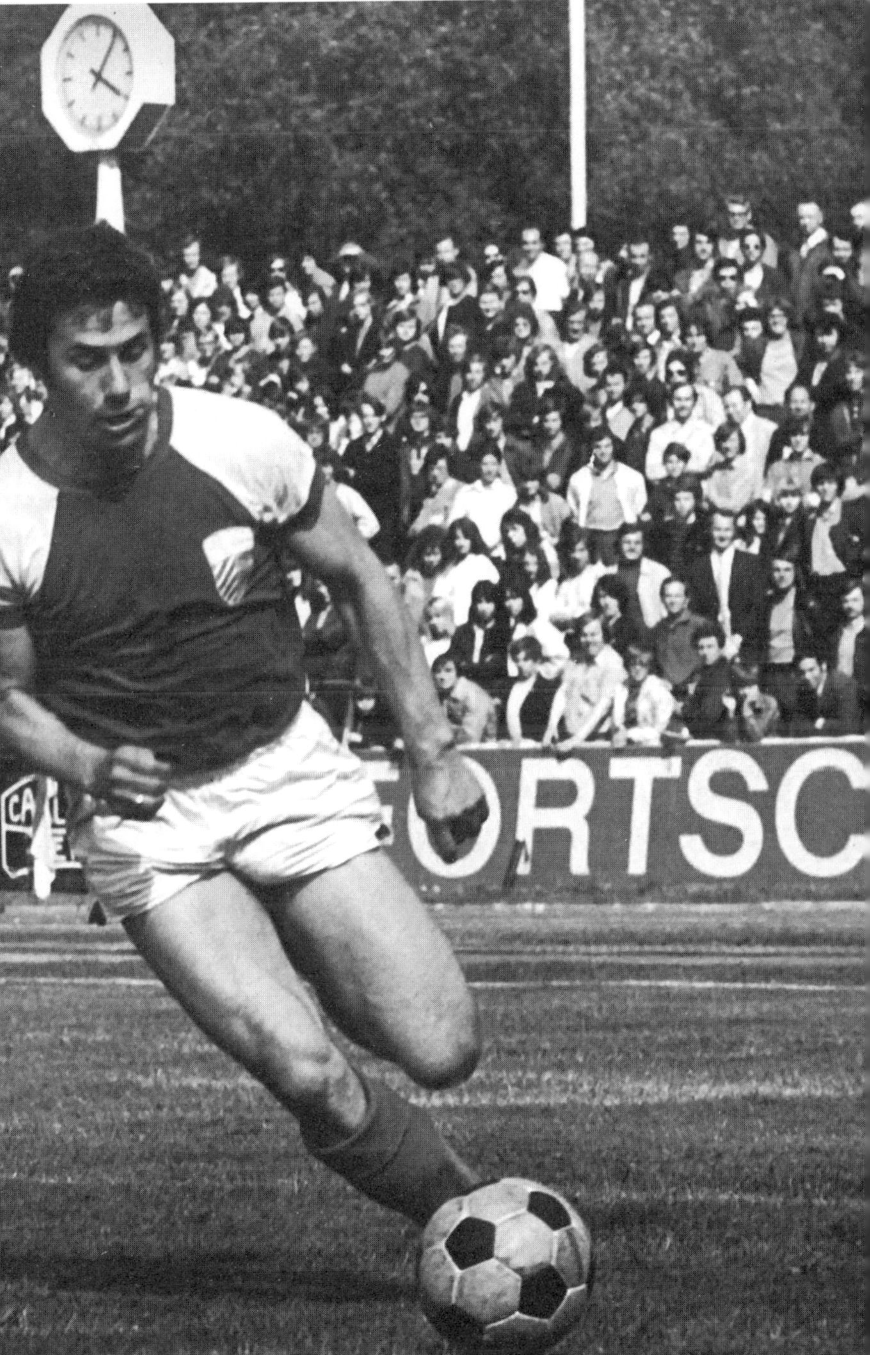
ORTSC

U16 1989 Vize-Europameister. Später arbeitete er bis zum Untergang der DDR als Co-Trainer der A-Auswahl neben Eduard Geyer. Nach 1990 trainierte er mehrere Vereine, Stationen waren Borussia Mönchengladbach Amateure, 1. FC Köln, Hannover 96, ehe er 1994/95 seinen alten Club Carl Zeiss Jena, der inzwischen in der damals drittklassigen Regionalliga spielte, übernahm. Im Mai 1997 wurde er hier jedoch entlassen, weil sein Team in Abstiegsnot geraten war. Für etwa ein Jahr trainierte er den Fünftligisten VfB Pößneck, ehe er für ein Jahr Nationalcoach Togos wurde – sein einziges Auslandsengagement.

Danach war Vogel ab 1998 jeweils ein Jahr für die Amateur-Oberligisten FSV Hoyerswerda und 1. FC Magdeburg tätig. Mit den Magdeburgern sorgte er für sensationelle Auftritte im DFB-Pokal, die Bundesligisten 1. FC Köln, Bayern München und Karlsruher SC bekamen das schmerzhaft zu spüren, ehe der spätere Pokalsieger Schalke 04 knapp mit 0:1 zur Endstation des einstigen Europacup-Gewinners FCM wurde. Vogels letzte Trainerstation war von 2004 bis 2006 der sachsen-anhaltische Sechstligist VfB Sangerhausen. Danach wirkte er noch als Scout für seinen alten Verein FC Carl Zeiss.

Vogels Sohn Tino wurde ebenfalls Trainer, coachte unter anderem den Chemnitzer FC und RB Leipzig, wo er heute noch als Scout tätig ist.

FC Carl Zeiss Jena? Nein, Dynamo Dresden!

Reinhard Häfner wurde buchstäblich zum Meister gezwungen

Zweifellos gehört Reinhard Häfner zu den technisch versiertesten Spielern, die der DDR-Fußball hervorgebracht hat. 1952 in Sonneberg geboren, feierte er mit achtzehn sein Oberligadebüt beim FC Rot-Weiß Erfurt. Nach seinem (erzwungenen) Wechsel zu Dynamo Dresden begann eine lange Erfolgsserie. Häfner feierte mit den Elbestädtern vier Meistertitel und vier Pokalsiege, bestritt nach Hans-Jürgen Dörner die meisten Pflichtspiele für Dynamo (518), davon 65 im Europapokal. Mit der DDR-Auswahl (58 Länderspiele) gewann er 1972 olympische Bronze in München und wurde vier Jahre später Olympiasieger – nach einem 3:1-Finalsieg und einem Tor gegen Polen in Montreal. Als Cheftrainer gewann Häfner mit Dynamo Dresden 1990 die DDR-Meisterschaft, wurde Pokalsieger und führte die Sachsen 1991 in die Bundesliga. Mit nur 64 Jahren erlag Dynamos Ehrenspielführer einem Krebsleiden.

Häfners Wechsel nach Dresden wurde von ganz oben angeordnet. Als junger Nationalspieler sollte er beim amtierenden Meister und im Europapokal spielen. »Ich habe mich mit Händen und Füßen dagegen gewehrt«, berichtete er später in einem Interview mit den Buchautoren. »Ich war noch sehr jung, wollte nicht von zu Hause weg. Wenn überhaupt, dann zum FC Carl Zeiss Jena.« Doch der DDR-Verband blieb hart. »Mein Vater, mein Bruder Uli und selbst Erfurts Trainer Siegfried Vollrath mussten damals viel reden, um mich zu überzeugen.«

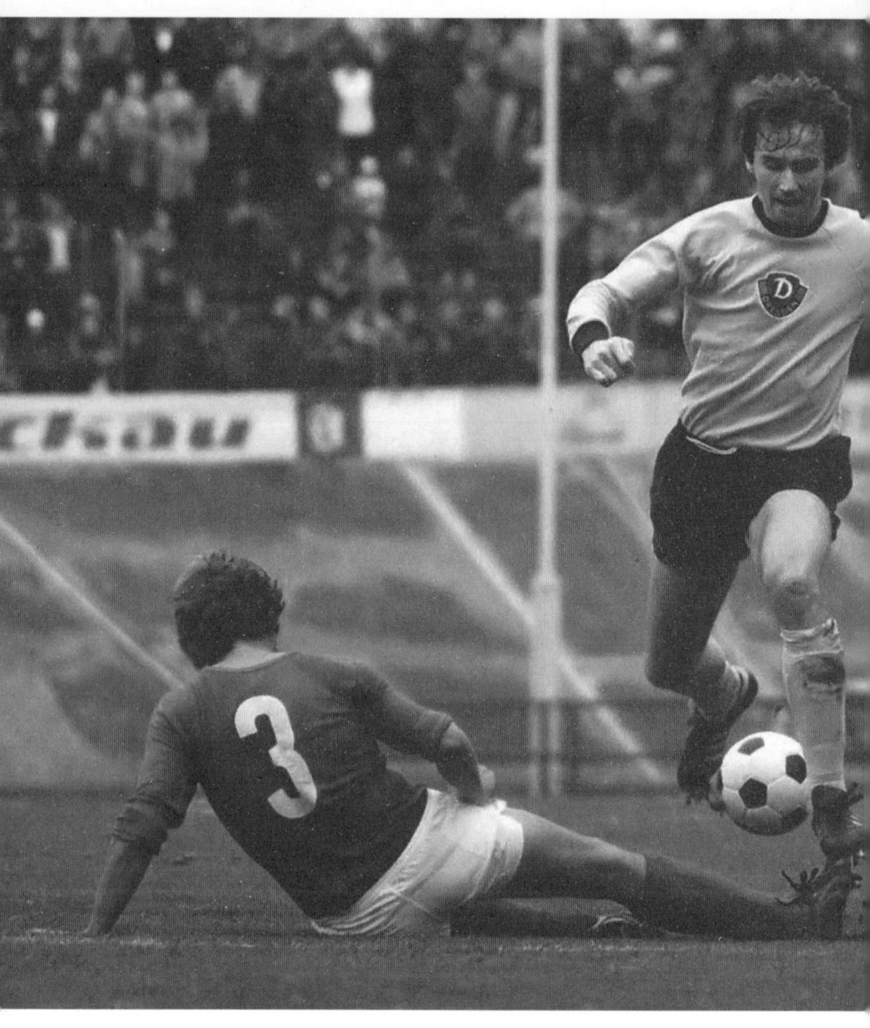

Nach zwei Oberligapartien für Dresden bestritt Häfner im September 1971 sein erstes Europapokalspiel gegen Ajax Amsterdam (0:0). »Es blieb mir am nachhaltigsten in Erinnerung. Ich hatte erst zwei Punktspiele für Dynamo bestritten – und dann dieser Flutlicht-Abend vor 35 000 Zuschauern in Dresden!« Nach Spielschluss sicherte er sich das Trikot von »König« Johann Cruyff, »der noch unmittel-

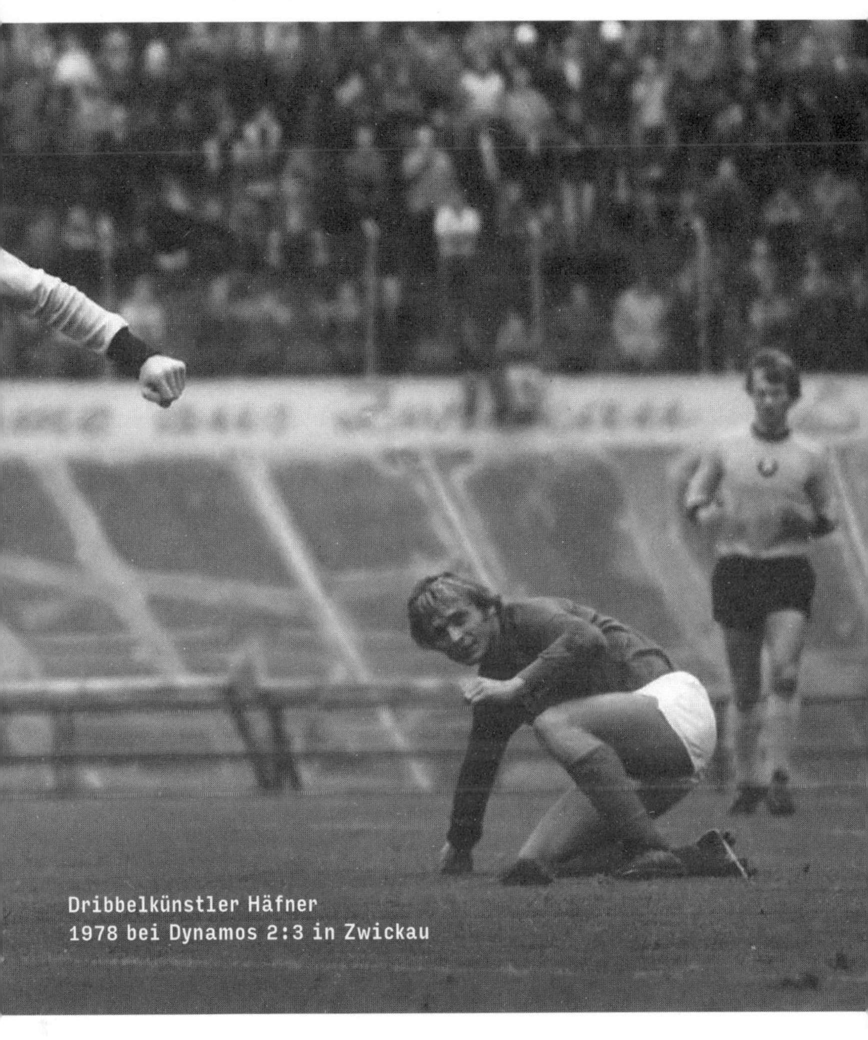
Dribbelkünstler Häfner
1978 bei Dynamos 2:3 in Zwickau

bar vor Spielbeginn neben dem Rasen genüsslich eine Zigarette geraucht hatte«. Auch Johan Neeskens traf er wieder, dem er 1970 beim UEFA-Juniorenturnier, das die DDR gewann, erstmals begegnet war. »Der fuhr mit zwanzig einen Ferrari, während ich im Dresdner Internat in einem Dreibettzimmer wohnte«, erzählte er viele Jahre später schmunzelnd.

Reinhard Häfner wird heute in einem Atemzug mit Hans-Jürgen Dörner oder Hansi Kreische genannt. Als erster Dynamo-Kicker bekam der filigrane Techniker 1988 ein Abschiedsspiel. Der Übergang ins Trainergeschäft verlief nahtlos. Häfner wurde Assistent von Eduard Geyer, war ab April 1990 Dynamos Cheftrainer und packte im folgenden Jahr die Bundesliga-Qualifikation. »Der Stress war gewaltig, aber wir haben geschafft, was alle erwartet hatten. Das Ende traf mich dann wie ein Schlag.« Häfner wurde beurlaubt und durch Helmut Schulte ersetzt. Später wirkte er als Manager, Sportkoordinator und Talente-Scout, arbeitete als Trainer, unter anderem beim Chemnitzer FC und dem Halleschen FC. Gesundheitlich ging es ihm zunehmend schlechter, Alkohol, Spielsucht und Depressionen führten bis hin zu Selbstmordgedanken. Nach einer mehrmonatigen Entziehungskur 2007 ging es ihm besser – bis der Krebs kam.

Von Chemie zu Lok statt zu Union

Wie Hans-Bert Matoul zum brisanten Delegierten wurde

Als Hans-Bert Matoul im Sommer 1971 von Chemie zu Lok Leipzig wechselte, war das die erste hochbrisante Delegierung von den Underdogs der Messestadt zu den seit 1963 privilegierten Probstheidaern, die die erste Geige in der Stadt spielten und Meistertitel dorthin holen sollten.

Matoul war den Chemikern 1965 bei einem Testspiel im Harzörtchen Langeln aufgefallen. Zwar gewannen die Leipziger klar gegen den Kreisklasse-Verein, die BSG Traktor, doch der neunzehnjährige Stürmer ragte bei den Gastgebern heraus. »Ich war schon mit siebzehn in die Männermannschaft aufgerückt.« Obwohl er bis ins Alter von fünfzehn Jahren im Tor gestanden hatte und erst dann auf die Position des Mittelstürmers wechselte. »Außerdem war aus unserem Verein Herbert Berteit in Leipzig tätig und hatte Kontakt zu Chemie«, erzählt Matoul, »und so wurde mit dessen Vermittlung gegenseitiges Interesse deutlich.«

Es dauerte jedoch bis November 1965, ehe Matoul tatsächlich wechseln konnte. An die Gründe für den zeitlichen Verzug erinnert er sich nicht mehr. »Ich bekam in Böhlitz-Ehrenberg, unweit des damaligen Georg-Schwarz-Sportparks, der Chemie-Heimstatt, eine kleine Wohnung.« Fußballerisch scheint er bei den von Meistertrainer Alfred Kunze gecoachten Leipzigern relativ schnell überzeugt zu haben, wenngleich Matoul einschränkt: »Da musste man als junger Spieler erst mal reinkommen. Ich habe versucht, mich gut einzufügen.« Was gar nicht so einfach war, immerhin kam Matoul in die Meistermannschaft von 1964. Doch er lernte schnell dazu, passte sich gut zwischen Manfred Walter, Bernd Bauchspieß, Klaus Lisiewicz und Co. ein. »Der Zusammenhalt im Team war sehr gut«, betont er. Und als er am 30. April 1966 die Chemiker in Bautzen gegen Lok Stendal zum 1:0-Pokalsieg schoss, schien der Youngster bei den Grün-Weißen endgültig etabliert – und das nach nur einem halben Jahr. »Dieser Erfolg war für meine Begriffe

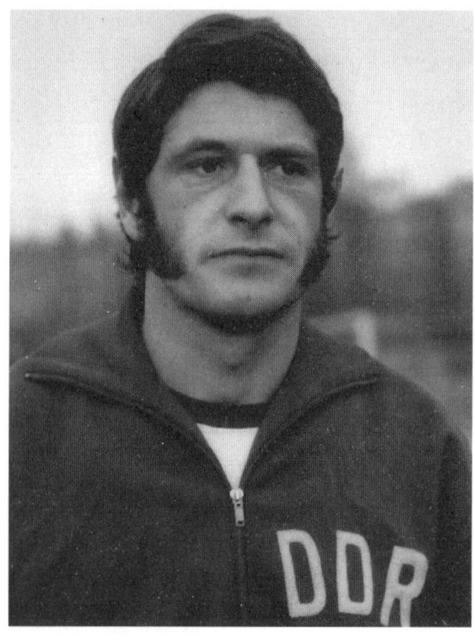

Hans-Bert Matoul als Auswahlspieler

der wirkliche Anfang«, meint er heute. Chemie hatte es 1966 auf den achten Platz der Oberliga geschafft. Im selben Jahr konnte Matoul eine größere Wohnung beziehen und seine junge Familie nachholen.

Nach zwei schwachen Jahren jeweils auf dem zwölften Platz wurde Chemie 1968/69 Sechster und ein Jahr darauf gar Oberliga-Vierter. Für Matoul war diese Zeit aber vom Armeedienst überlagert, den er bei Motor Dessau spielend verbringen konnte. Doch 1971 folgte ein herber Absturz, Chemies erster Abstieg. Matoul wollte dennoch weiter erste

Liga spielen. Und natürlich war er auch schon anderen Vereinen aufgefallen, weckte Begehrlichkeiten. Sehr konkret bemühte sich Union Berlin, im selben Jahr Oberliga-Fünfter geworden, um den kantigen und torgefährlichen Angreifer. Trainer Harald Seeger, der von 1967 bis 1969 die DDR-Auswahl betreut hatte, kam sogar selbst nach Leipzig, stand plötzlich vor Matouls Wohnung. »Wir wurden uns schnell einig«, erzählt Matoul, »ich sollte sogar in ein schön am Wasser liegendes Haus ziehen.«

Nachdem die Berliner den Wechselwunsch beim Deutschen Fußball-Verband gemeldet hatten, regte sich jedoch Widerstand, hinter dem wahrscheinlich vor allem Chemies Lokalrivale Lok steckte. »Ich kenne den Auslöser nicht, aber ich erhielt bald ein Schreiben vom DFV, dass man sich nicht einfach allein einen Verein suchen könne. Man sagte mir, ich müsse zu Lok, und das ging dann auch ganz schnell.« Bei den Chemie-Fans kam diese Delegierung zum Erzrivalen natürlich noch schlechter an als der bloße Verlust des wertvollen Torjägers. Es war der erste sehr brisante Transfer eines Chemikers zu Lok nach der legendären »Leipziger Neuaufteilung«. (Mehr zur Neuaufteilung im Kapitel »Umziehende Vereine«.) Dass er eigentlich zum 1. FC Magdeburg wollte, wie Gerüchte bis heute besagen, verneint Matoul klar. »Ich kannte von da ein paar Spieler, ich kam ja praktisch aus der Nähe, aber eine Anfrage gab es vom FCM meines Wissens nie, und ich hatte auch nicht die Absicht, dahin zu gehen.«

Bei den Blau-Gelben in Leipzig-Probstheida fasste Matoul genauso schnell Fuß wie gut fünf Jahre zuvor in Leutzsch. Mit Manfred Geisler verstand sich der Neue auf Anhieb prima. »Hans-Bert gab in jedem Spiel alles, zeigte stets hohen Einsatz und war besonders kopfballstark«, lobt Geisler. Wolfgang Altmann, den man als Junior ebenfalls von Chemie zu Lok geholt hatte, erinnert sich ähnlich: »Er ist willensstark gewesen, ein Riesengewinn für uns, und wurde deshalb schon nach kurzer Zeit Führungsspieler. Für die Gegner war er hingegen sehr unangenehm.«

Eine insgesamt sehr starke Saison spielte Lok 1973/74 nicht zuletzt dank Matoul. Kurios hieran: Eigentlich wollte der Torjäger im Sommer 1973 seine Karriere beenden, um die elterliche Bäckerei in Langeln zu übernehmen. Sein Vater, ein ehemaliger Fußballer, der vor dem Krieg sogar auf dem Sprung in die deutsche Auswahl stand, bekam gesundheitliche Probleme, und Hans-Bert hatte sich mittlerweile vom Bäcker zum Konditormeister qualifiziert. Der 1. FC Lok überredete den wertvollen Stürmer jedoch zum Weiterspielen, unter einem für den Leistungssport auch damals ungewöhnlichen Kompromiss: Matoul trainierte von Montag bis Donnerstag daheim in Langeln einzeln unter Anleitung von Hans Kapitza. Der war eigentlich dritter Coach des 1. FC Magdeburg, stand aber in Absprache mit Lok für die Sonderaufgabe zur Verfügung. »Erst am Freitag trainierte ich dann in der Regel mit Lok. Nachdem ich zu Hause wie immer ab vier Uhr gebacken hatte, fuhr ich mit dem Auto nach Leipzig oder traf mich auch schon mal auf der Autobahn mit der Truppe, stellte mein Auto ab und fuhr im Bus weiter mit zum Auswärtsspiel.«

Umso erstaunlicher, dass Matoul ausgerechnet in dem Spieljahr mit zwanzig Treffern Oberliga-Torschützenkönig wurde und mit Lok im UEFA-Pokal bis ins Halbfinale kam. Eine beeindruckende Saison, in der er auch noch zum Nationalspieler aufstieg. Doch nach drei Einsätzen sagte ihm Auswahltrainer Georg Buschner, dass er nicht mit zur WM nach Westdeutschland fahren werde. »Ich habe das akzeptiert, er hatte ja die Qual der Wahl«, sagt Matoul. Der Umstand, dass Buschner nicht einmal Lok-Ikone Henning Frenzel mitnahm, den neben Wolfram Löwe wichtigsten Einfädler Matoulscher Tore, linderte den Schmerz vielleicht etwas.

Von den drei Nationalmannschaftseinsätzen sowie den Spielen im Europacup zehrt Matoul dennoch bis heute:

»Ich habe großartige Stadien wie das in Algier oder die in England gesehen, habe viel Schönes erlebt.« In Erinnerung geblieben sind ihm auch die zwei Auftritte gegen den damals starken Bundesligisten Fortuna Düsseldorf. »Dort kamen mein Onkel und meine Cousins zum Spiel, und ich konnte mit ihnen danach sogar essen gehen.« Lok-Coach Horst Scherbaum, den er zusammen mit Alfred Kunze von Chemie als seinen besten Trainer bezeichnet, ließ diesbezüglich seine Spieler an für DDR-Verhältnisse erstaunlich langer Leine. Sie dankten es ihm, denn nach der 1:2-Niederlage im Hinspiel wurde Fortuna vor den 80 000 Fans im Zentralstadion per 3:0 regelrecht demontiert.

Trotz dieser grandiosen Serie beendete der Torjäger seine Leistungssportlaufbahn danach, wohlgemerkt erst 29-jährig. Er übernahm das elterliche Geschäft, baute es sogar aus. Und dennoch kam er nicht vom Fußball los. Nach kurzem Zwischenspiel bei seinem Ursprungsverein Traktor Langeln engagierte ihn 1976 der nur zehn Kilometer entfernte DDR-Ligist Einheit Wernigerode, wo er noch bis 1980 spielte, um dann dort den Trainerposten zu übernehmen. Später führte er zusammen mit Winfried Erler die TSG Chemie Markkleeberg in die DDR-Liga, kehrte 1990 für ein halbes Jahr noch einmal nach Leutzsch zurück, wo er als Trainer des Chemie-Nachfolgers FC Grün-Weiß, alias FC Sachsen wirkte. Danach ging Matoul zu Wismut Gera und dann wieder nach Wernigerode, wo er noch heute wohnt.

Ralf Heines Odyssee

Warum einer der besten DDR-Torhüter in der zweiten Liga landete

Über die kurvenreiche Laufbahn des Torwarts Ralf Heine ist schon einiges geschrieben worden. Er gehörte in den 1960er und 1970er Jahren zu den besten Torleuten im DDR-Fußball. Nicht von ungefähr wurde er 1966 in den Kader der DDR-Nachwuchsauswahl berufen, für die er zweimal im Kasten stand. Seine Karriere erlitt dennoch mehrfach Brüche. Für die gab es allerdings nur einen einzigen Grund: Seine Schwester war im Oktober 1968 in einem Schlauchboot über die Ostsee in den Westen geflohen. Da sie in Dresden wohnte und Heine zu ihr keinen nahen Kontakt hatte, wusste er von der gefährlichen Aktion, bei der sie mit ihrem Mann fast umgekommen wäre, jedoch gar nichts, er erfuhr erst Wochen danach davon.

Der Torwart war von seinem ersten Verein Stahl Nordwest Leipzig 1962 als Achtzehnjähriger zur Armee eingezogen worden und spielte dort für DDR-Ligist Vorwärts Leipzig. Da der Hallesche FC Chemie 1967 für den zu Lok Leipzig gegangenen Torwart Peter Nauert Ersatz brauchte, holte der HFC den 23-jährigen Heine an die Saale. Als seine Schwester über das schwedische Malmö schließlich in der Bundesrepublik gelandet war, hatte das für ihn zunächst keine Folgen. Er durfte sogar weiter mit ins westliche Ausland fahren, ging mit auf Trainings- und Spielreisen in Schweden und Afrika. »Doch Anfang 1971 wurde ich plötzlich ins Sportcasino des HFC bestellt, wo man mir sagte, ich sei mit sofortiger Wirkung für den Leistungssport gesperrt«, erzählt Heine. »Ich solle mich am Montagmorgen im Metallleichtbaukombinat bei Direktor Langhahn zur Arbeit melden, teilte man mir mit, ohne die Flucht meiner Schwester oder andere Gründe auch nur zu erwähnen.«

Fortan arbeitete Heine als eine Art Hilfskraft in der Gütekontrolle, obwohl er sich neben dem Fußball schon in der Meisterausbildung befunden hatte. Heines Popularität bei den Hallenser Fans, die es auch im Betrieb gab, milderte

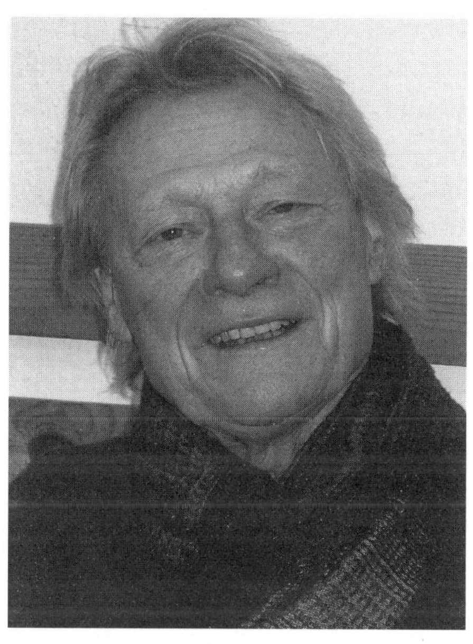

Ralf Heine,
2020 in Leipzig

seine Degradierung im Werk allerdings etwas. Hinter Heines Sperre stand, wie sich zeigte, der schon erwähnte, sogenannte Fußball-Beschluss von 1970, der vieles für die DDR-Stars neu, sprich: strenger regeln sollte. Manches davon wurde in der Praxis nach und nach aufgeweicht und von Bezirk zu Bezirk auch unterschiedlich umgesetzt.

Für Heine öffnete sich nach einem halben Jahr ein Hoffnungsspalt: Im Sommer 1971 durfte er sich im Tausch für den nach Halle gegangenen Volkhard Jany der gerade erstmals in die DDR-Liga abgestiegenen BSG Chemie Leipzig anschließen. Damit war er nicht nur wieder im Leipziger Nordwesten angekommen, sondern wurde auch schnell zum Publikumsliebling – und stieg mit den Leipzigern 1972 in die Oberliga auf. Für diese Liga war er aber weiterhin gesperrt. Chemie konnte eine einjährige Sondergenehmigung erwirken, wohl auch weil Partei- und Sportfunktionäre Unruhe unter den heißblütigen und ohnehin auf Opposition gebürsteten Chemie-Fans vermeiden wollten. Heine erhielt zudem eine Auflage: »Ich durfte nur nachmittags mittrainieren, das Vormittagstraining war für mich offiziell tabu.« Listig kamen die Verantwortlichen um Trainer Eberhard Dallagrazia auf den Dreh, Heine am Vormittag in einen Schlosseranzug zu stecken, in dem er mittrainierte. Im Falle einer Kontrolle konnte er sich so umgehend am Zaun des Trainingsplatzes zu schaffen machen, um Arbeit vorzutäuschen. Da etwa ein Vierteljahr lang niemand vom Verband zur Kontrolle kam, ließ man diese Tarnung dann wieder fallen, wohlgemerkt ohne Folgen. Doch im Sommer 1973 drückte erneut das Problem der Sperre, zu der keine Frist ausgesprochen worden war. Diesmal blieben die Verbandsfunktionäre stur. Auch Helmut Hackenberg, der für Sport verantwortliche Leipziger SED-Bezirksvize, wollte sich nicht mehr für den Keeper einsetzen. Die Wut der Chemie-Fans half gleichfalls nicht. Heine durfte höchstens in der Zweiten spielen, und auf Bezirksliga hatte er keine Lust. Ein Angebot von der drittklassigen BSG Rotation Leipzig schlug er aus. Nachdem er zwei Monate gar nicht gespielt hatte, fragte Zweitligist Chemie Böhlen vom Südrand Leipzigs an. Obwohl die Frist längst vorbei war, durfte der Keeper dorthin wechseln. Und zwar seltsamerweise ohne Sperre. Das Wechseldatum wurde einfach rückdatiert.

Für Heine war das Ganze ein sportlicher Kompromiss und angesichts des potenten Trägerbetriebs der Böhlener finanziell wohl gar ein Fortschritt. Dennoch sollte ihn seine unverschuldete Sperre auch hier wieder einholen.

Zweimal qualifizierte er sich mit den Böhlenern für die Aufstiegsrunde zur Oberliga, 1977 gelang der Sprung dann tatsächlich. Nur nicht für Heine, es blieb, wie gehabt. Da er nun nicht einmal mehr eine Spielerlaubnis für die zweite Mannschaft erhielt, kehrte Heine knapp 33-jährig zu seinem Ursprungsverein zurück. Den SV Nordwest hatte er ohnehin schon seit 1974 nebenher trainiert. 1977/78 führte er Stahl als Spielertrainer sogar bis in die DDR-Liga. Sensationelle 31 Jahre blieb er Trainer bei den Nordwestlern. Sein Status als Idol ist wohl auch den Schikanen geschuldet, die er als sportlich glänzender Torwart ertragen musste. Heine lebt bis heute im Leipziger Nordwesten.

Chemie Leipzig angelt sich einen Vollblutstürmer aus Dresden

Wolfgang Lischke kam als verkappter Verteidiger

Eine sehr spezielle Wechselgeschichte ist die von Wolfgang Lischke. Der spätere Klasse-Stürmer begann seine sportliche Laufbahn nämlich gar nicht als Fuß-, sondern als Handballer. Und zwar recht erfolgreich. Bei Chemie Piesteritz schaffte er es sogar bis in die DDR-Juniorenauswahl, ehe ihn eine schlimme Verletzung jäh stoppte. »Ich habe mir in einem Nachwuchsländerspiel gegen die Tschechoslowakei den Arm kompliziert gebrochen. Nach der Genesung konnte ich für Piesteritz in der Bezirksklasse Fußball spielen. Wenig später, das war 1968, hat mich Rudolf Krause zu Zweitligist Chemie Zeitz geholt. Von dort ging es nach nur drei Monaten zu Stahl Riesa in die DDR-Oberliga. So landete ich innerhalb von nur einem halben Jahr in der höchsten Fußballklasse.«

Ganz so einfach war es aber dann doch nicht. Denn bei den Vereinswechseln von Lischke sprachen die Funktionäre wie üblich kräftig mit. Als er von Zeitz nach Riesa zu wechseln beabsichtigte, wurde er von Weihnachten 1969 bis zum Sommer 1970 gesperrt, weil man ihn nicht aus dem Bezirk Halle lassen wollte. Später, als er 1972 mit Stahl Riesa aus der Oberliga abgestiegen war, zeigte der 1. FC Union Berlin Interesse. Doch nun hatte Dynamo Dresden schon die Hand auf dem Offensivspieler und wollte ihn im Bezirk Dresden, also im eigenen Hoheitsgebiet, behalten. »Ich hatte in Berlin schon eine komfortable Wohnung bekommen, trainierte bereits zehn Tage mit, als mir Dynamo mitteilte, dass ich keinen Fußball mehr spielen werde, wenn ich nicht nach Dresden komme«, erzählt Lischke. Im Gegensatz zu der feinen Klinge, die die Schwarz-Gelben auf dem Spielfeld führten, zeigten sie sich im Umgang mit Spielern oft rüde.

»Mit Dynamo Dresden wurde ich sogar DDR-Meister, musste allerdings auch sehr um einen Stammplatz kämpfen. Unter anderem stand mir Eduard Geyer im Weg. Schließlich ging ich zu Chemie Leipzig«, beschreibt Lischke diesen Abschnitt seiner Karriere.

Chemie gelang damit 1973 ein beachtlicher Coup. Der Stürmer wollte dort eigentlich schon immer hin, wie er bekundet, »weil ich schon als Junge Spiele in Leutzsch besucht hatte und von der Atmosphäre dort begeistert war«. Doch so komplikationslos durfte er nicht nach Leipzig, zumal andere Vereine und sportpolitisch höher eingestufte Klubs Interesse bekundeten. »Der Berliner FC Dynamo wollte mich, doch Trainer Harry Nippert sagte, dass ich bei ihm Verteidiger spielen soll. Das wollte ich nicht.« Sachsenring Zwickau lockte mit einem Trabi, was damals offiziell einem Wert von 10 000 DDR-Mark entsprach. Der Schwarzmarktpreis für einen neuen Trabant lag ein ganzes Stück höher.

Noch deftiger war das Angebot von Energie Cottbus. Lischke erinnert sich: »Die kamen nach Bad Schmiedeberg, wo ich damals als Junggeselle bei meinen Eltern wohnte. Sie stellten einen Koffer hin mit 20 000 Mark. Nachdem ich abgelehnt hatte und die Cottbuser mit ihrem Koffer wieder abgezogen waren, ohrfeigte mein Vater mich. Es war die letzte Schelle, die ich von ihm bekommen habe. Er verstand einfach nicht, wie ich solch ein Angebot ablehnen konnte, so schwer, wie er als Bauer für sein Geld arbeitete.« 20 000 Mark entsprachen damals etwa zwei Jahresgehältern eines einfachen Arbeiters. Als man bei Lok mitbekam, dass Lischke nach Leipzig will, fragten auch die Blau-Gelben an. Aber: »Da wäre ich wie bei Dynamo nur Bankdrücker«, befürchtete Lischke und lehnte ebenfalls ab.

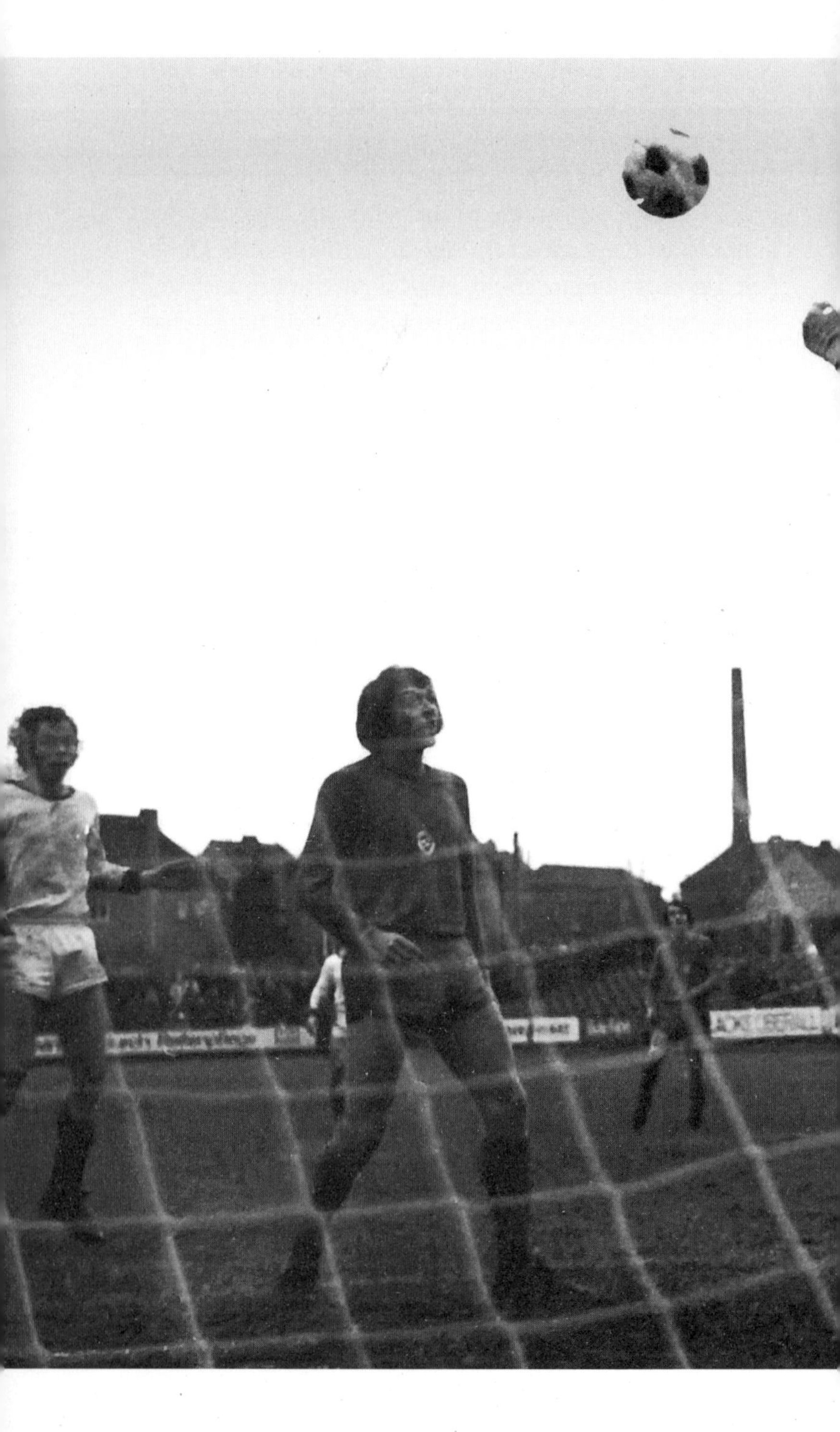

1973, Lischke mit der Nr. 8 für Chemie

Für Chemie war der Zeitpunkt eines solchen – eigentlich zu großen – Zugangs auch deshalb günstig, weil ihr Torwart Ralf Heine, wie im letzten Kapitel erzählt, aus politischen Gründen für den Verein nicht mehr auflaufen durfte, zum Ärger der Fans. Um die gnädig zu stimmen, kam ein Lischke den Funktionären gerade recht. Zudem wollte Dynamo, dass der Stürmer nicht zum Bezirkskonkurrenten

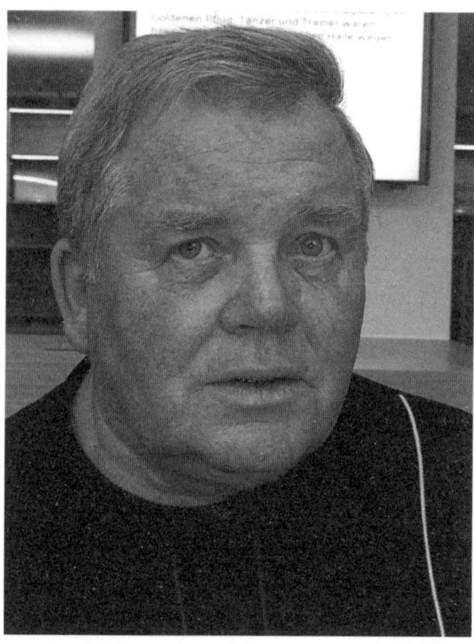

Wolfgang Lischke, 2021

Stahl Riesa zurückkehrt. Hier passte es den Dresdnern nun wieder in den Kram, dass ein wichtiger Akteur den Bezirk gleich ganz verließ. Teile und herrsche – wie so oft das Prinzip bei Spielerwechseln im DDR-Fußball.

Chemie-Fußball-Abteilungsleiter Hans-Günter Hänsel bekam daher einen Anruf von SG-Dynamo-Chef Wolfgang Hänel, der seine Priorität »Lischke nicht nach Riesa« klar benannte und Chemie den Stürmer anbot. Doch da ihn wie erwähnt auch Chemies Rivale Lok haben wollte, musste Hänsel kämpfen. Lok-Trainer Horst Scherbaum hatte von

Lischkes Weggang aus Dresden Wind bekommen. Abhängig war die Sache von Helmut Hackenberg, der, wie ebenfalls schon erwähnt, als zweiter SED-Bezirkssekretär den Fußball im Bezirk Leipzig beaufsichtigte. Zu dieser Zeit agierte er längst im Sinne und zum Vorteil von Lok. Angesichts der nicht mehr zu verhindernden Sperre für Heine und des erklärten Willens Lischkes, zu Chemie zu wechseln, genügte Hänsel als letzter Baustein eine Notlüge: »Ich sollte versprechen, dass er bei uns Verteidiger statt Stürmer spielt. Später hat er das tatsächlich«, ergänzt »HGH« noch spitzbübisch lächelnd.

In Geldsachen sei er lange Zeit ziemlich naiv gewesen, bekennt Lischke heute. »Da konnte man mich immer etwas verarschen.« So habe ihn sein Kumpel Lothar Paul, mit dem er in Zeitz, Riesa und Leipzig in einer Mannschaft stand, schon in Zeitz gefragt, ob er denn blöde sei, als er Lischkes Lohnzettel sah. »Er hatte da wesentlich mehr ausgehandelt als ich«, so Lischke, der nicht nur auf dem Spielfeld, sondern auch diesbezüglich nach und nach ausgefuchster wurde. »In Riesa hatte ich dann immerhin schon 1400 Mark Grundgehalt, Siegprämien kamen dazu.« Für DDR-Verhältnisse nicht übel.

Eine echte Überraschung erlebte Lischke in der Spätzeit seiner Karriere. Als er seine leistungssportliche Laufbahn ausklingen lassen wollte, bekam das Karl Bühler mit. Der umtriebige Manager hatte sich bei Bezirksligist Motor Lindenau den Ruf erworben, im Umgang mit Geld für Fußballer geschickt zu agieren. Als er dann für DDR-Ligist TSG Chemie Markkleeberg am Südrand Leipzigs tätig wurde, galt Bühler nicht nur als mit allen Tricks der Szene gewaschen, sondern war auch längst als philatelistischer Experte bekannt. Als solcher kaufte er Briefmarken auf und entwickelte durch Weiterverkauf ein einträgliches Geschäft. Auch in Richtung Westen, wodurch er ins Blickfeld der Staatssicherheit geriet. Die ließ ihn lange gewähren, da die

DDR an den Devisen über das berüchtigte Firmengeflecht der Kommerziellen Koordinierung (KoKo) von Alexander Schalck-Golodkowski ordentlich mitverdiente. Dadurch hatte Bühler im Gegensatz zum durchschnittlichen DDR-Bürger stets auskömmlich harte Währung in der Brieftasche. Als Macher und Gönner der Markkleeberger setzte er dieses Geld für den Verein nutzbringend ein. So auch im Fall Lischke: »Bühler tauchte bei mir zu Hause auf und bot mir 1000 Mark monatlich an, wenn ich nach Markkleeberg komme. Ich sagte, dass ich einen ganz guten Job als Lehrausbilder habe und als solcher brutto mehr verdiente.« Scheinbar geschlagen ging Bühler. Jedoch: »Kaum war er auf der Treppe, klingelte es wieder, Bühler stand erneut da und sagte: Wolfgang, hast du mich richtig verstanden? Ich rede von Westmark.«

Natürlich war Lischke baff und musste nicht lange überlegen: »Ich bekam dann tatsächlich 1000 Westmark, allerdings nur einmal und dann ein Jahr lang monatlich 1000 Ostmark extra von Bühler. Meinen Beruf mit dem normalen Einkommen habe ich trotzdem ausüben können.« Das Westgeld ermöglichte bekanntlich das Einkaufen in den sogenannten Intershops oder den Umtausch zu einem unverschämt günstigen Kurs in DDR-Mark.

Wie Phönix aus Eindhovens Asche

Das schwierige Comeback von Erhard Mosert

Der erste Vereinswechsel von Erhard Mosert entsprach noch dem, was man im DDR-Sport Delegierung nannte. Am 10. November 1950 in Ramsin geboren, wurde Mosert mit sechzehn Jahren von Chemie Bitterfeld zum Halleschen FC Chemie delegiert. Mit siebzehn schon durfte das Talent dort bei Pokaleinsätzen in der ersten Mannschaft mitspielen. Sein Oberliga-Debüt erlebte er 1969. Kurz zuvor war er mit dem HFC gerade Juniorenmeister geworden. Im selben Sommer wurde er mit der DDR-Juniorenauswahl Zweiter beim UEFA-Turnier, das praktisch einer Europameisterschaft gleichkam. Im Endspiel unterlag die DDR-Elf in Leipzig den Bulgaren, aber nicht auf dem Feld, sondern per Losentscheid.

Wenig später kam Mosert auch in der A-Auswahl zum Einsatz, im Dezember 1969, einen Monat nach seinem 19. Geburtstag. Die Begegnung Ägypten – DDR (1:3) sollte allerdings sein einziges A-Länderspiel bleiben. Dennoch schwärmen Augenzeugen bis heute von seiner Spielästhetik, und ein dritter Platz der auch sonst gut besetzten Hallenser in der Meisterschaft 1970/71 war sicher kein Zufall. Georg Buschner, damals Trainer des FC Carl Zeiss Jena, hatte schon ein Jahr zuvor ein Auge auf Mosert geworfen: »Wenn der HFC absteigt, muss er zu uns kommen«, soll Buschner gesagt haben. Der HFC stieg nicht ab, doch Jena fragte trotzdem beim DFV an. Horst Sindermann, Halles mächtiger SED-Bezirksparteisekretär, legte sein Veto ein. Die Stasi besaß sogar Informationen, denen zufolge während des UEFA-Turniers 1969 westeuropäische Vereine Interesse an dem Ost-Talent gezeigt hatten.

Für den UEFA-Pokal 1971/72 qualifiziert, traf der HFC in der 1. Runde auf den PSV Eindhoven. »Ein Los, das ich seltsamerweise vorausgesagt hatte«, staunt Mosert bis heute über seine seherischen Fähigkeiten. Das Hinspiel in Halle endete 0:0, das Rückspiel wurde durch eine Tragödie verhindert. In der Nacht vor dem Spiel brannte das Hotel, ein junger Hallenser, Wolfgang Hoffmann, ließ dabei sein Leben, viele andere wurden zum Teil schwer verletzt. Unter ihnen Mannschaftskapitän Klaus Urbanczyk, der an der Fassade heruntergeklettert war und sich an einem Haken den Arm lädiert hatte. Auch Erhard Mosert war betroffen: Als er aus dem Hotelfenster sprang, brach er sich fünffach den Fuß. Diese Verletzung sollte seine Karriere entscheidend beeinflussen.

»Ich war durch Urbanczyks Zeichen in der Annahme, das schon stark verrauchte Hotel nicht mehr anders verlassen zu können, und bin barfuß aus dem vierten Stock ins Dunkle gesprungen, lag bewusstlos auf einem Vordach, von wo aus ich dann noch mal irgendwie über zwei Meter runter bin. Man hat mich auf der Straße gefunden, ich kann mich nicht richtig daran erinnern«, schildert Mosert die dramatischen Momente.

Er brauchte ein Jahr, um sich einigermaßen zu regenerieren, doch der Fuß war nicht wieder korrekt zusammengewachsen, und eine Operation war wegen ausgedehnter Brandwunden und Kompliziertheit des Bruchs damals wohl nicht möglich. »Ich hatte nun ein starkes und ein schwaches, sprich: dünneres Bein, was mich auch psychisch belastete«, bekennt er. Zwar habe man sich im Rehabilitationszentrum Kreischa bei Dresden viel Mühe mit ihm gegeben, aber Mosert hatte im Training danach dennoch »Riesenprobleme«. Mut machten ihm Besuche von Reinhard Häfner, dem in Dresden kickenden Thüringer, mit dem er in verschiedenen Auswahlmannschaften gespielt hatte. »Mit Häfner habe ich mich auf dem Rasen wie auch außerhalb glänzend verstanden. Auch Hartmut Schade von Dynamo sagte mir, dass Trainer Walter Fritzsch geäußert hatte, dass man ›Mosert nach Dresden hätte holen sollen‹. Als ich mich dann selbst im Fernsehen gesehen habe, wie ich den linken Fuß nachzog, war ich deprimiert. Ich habe mich gefragt, was ich mir da gesundheitlich antue«, erinnert sich Mosert.

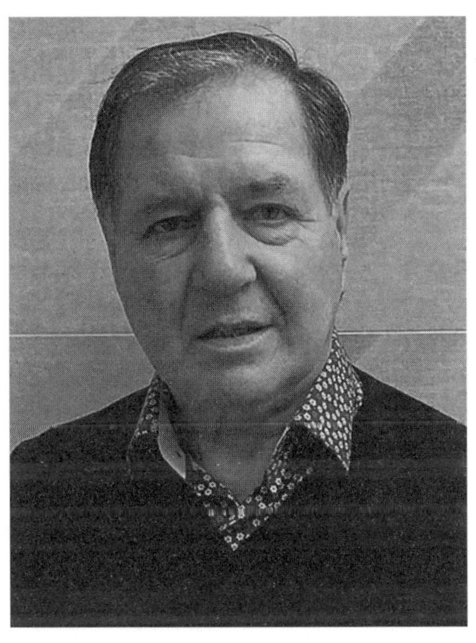

Erhard Mosert, 2021

Und der Mittelfeldakteur fragte sich natürlich, was er nun machen solle. Später hat er den gleichen Gedanken in seiner Stasi-Akte gefunden, die Obrigkeit vermerkte dort, dass Mosert nicht mehr für Auswahlaufgaben infrage komme. Eigentlich war er für die DDR-Olympia-Auswahl vorgesehen, die dann 1972 in München Bronze erspielte. Für Mosert fiel die Perspektive Leistungsfußball plötzlich in sich zusammen. »In Halle hatte ich als junger Auswahlspieler bis zu 6000 Ostmark im Monat verdient, was ich meinen Eltern gar nicht erzählen konnte, da es ungefähr das Zehnfache dessen war, was sie für ihre schwere Arbeit bekamen. Doch nun wusste ich auch nicht, wie es weitergehen sollte. Mein Knöchel schwoll nach Belastung immer wieder an«. »Da erinnerte ich mich an Eckhard Rösler, ein Sangerhäuser, den ich aus der Bezirksauswahl kannte und der zu mir ins Krankenhaus gekommen war. Er arbeitete inzwischen bei Motor Suhl und hatte mir erzählt, dass man dort etwas aufbauen wolle. Damals antwortete ich halb im Spaß: ›Wenn ihr mal noch einen Guten braucht, komme ich.‹«

Als Mosert im September 1972 zu spielen versuchte, merkte er, dass das auf seinem früheren Level nicht geht – und erinnerte sich an das Suhler Angebot. »Thüringen, das viel sauberer war als die industriell stark belastete Hallenser Gegend, lockte mich ohnehin. Ich habe dann also irgendwann in Suhl angerufen und im Mai 1973 dort vorgesprochen, auch ein paar Forderungen gestellt.« In Halle war Moserts Einkommen aufgrund wegfallender Auswahl- und Spielprämien auf 730 Ostmark geschrumpft. So absolvierte er in Suhl eine Art Schautraining und bekam die von ihm gewünschten 2000 Mark. »Die wollten mich um jeden Preis«, so Mosert. Er konnte dort auch sein Ökonomie-Studium fortsetzen und wurde als wissenschaftlicher Mitarbeiter im Simson-Fahrzeugwerk, dem Trägerbetrieb von Motor, eingestellt. »Da ich in Suhl auch weniger trainieren musste, konnte ich mich körperlich erholen. Die Voraussetzungen waren also gut, zumal Motor im Begriff war, in die DDR-Liga aufzusteigen.«

Mit dem Simson-Werk und den ansässigen Waffenfabriken hatten die Suhler potente Trägerbetriebe, also Hauptsponsoren. Wegen seines Abwanderungswunschs musste Mosert beim HFC zunächst aber einen Spießrutenlauf absolvieren. »Das ging sogar bis nach Berlin. Doch Suhl und ich blieben hartnäckig.« Mosert sollte ein ärztliches Attest beibringen und schriftlich erklären, dass er anatomisch nicht mehr für Leistungssport geeignet sei. Und er durfte auch zu keinem anderen Leistungsclub. Insofern passte die Suhler Jacke. Zumindest solange die Thüringer mit dem Mittelfeldstar nicht ganz oben anklopften. Mosert stabilisierte sich und hatte seinen Anteil daran, dass sich die Suhler weiter verstärkten. Er lotste an die zehn weitere ehemalige Hallenser, darunter Könner wie Paul Kersten, Klaus-Dieter Boelssen oder Walter Jänicke, nach Suhl. Weshalb das Team mitunter scherzhaft als HFC III (als HFC II galt Chemie Buna Schkopau) bezeichnet wurde. Mosert sollte allerdings nach nur einem Jahr, in dem er wieder den »zu 80 Prozent alten Leistungsstand« erreicht hatte, wie er selbst einschätzt, zurück zum HFC. »Die hatten in Halle geglaubt, in Suhl macht der eh nix mehr. Aber dann kam ich wie Phönix aus der Asche«, beschreibt er sein Comeback. »Die dachten, ich hatte nur geschauspielert, war aber tatsächlich gehandicapt. Nur teilweise habe ich das kompensieren können.«

Vor der Rückkehr an die Saale schützten ihn seine Suhler Gönner. Der einflussreiche SED-Parteichef des IFA-Kombinats, zu dem Simson gehörte, Gerhard Meusel, der zudem im Zentralkomitee der Partei saß, sagte: »Der bleibt, der elektrisiert die Leute hier, was die Produktivität steigert.« Damit war die Sache entschieden. Allerdings konnte Meusel nicht verhindern, dass der Publikumsliebling im November 1976 zum Armeedienst eingezogen wurde. Diesen verbrachte Mosert angesichts seiner Fähigkeiten jedoch bei Vorwärts Rostock weitgehend auf dem Fußballplatz.

Kurz davor hatte er mit Motor Suhl 1976 die Aufstiegsrunde zur Oberliga erreicht. Ebenso 1979, 1981 und 1984. Beim vierten Versuch hätte es um Mosert noch mal brisant werden können. Die Suhler schafften den Sprung nach oben. Aber Mosert, der aufgrund seiner Verzichtserklärung in der Oberliga nicht spielen durfte, erhielt nach wohl eher formalem Widerstand vom DFV-Generalsekretär Karl Zimmermann, der kein Hardliner war, die Freigabe. »Ich stand plötzlich wieder mehr im Blickpunkt«, erinnert sich Mosert.

So konnte er 1984/85 noch mal 24 von 26 Erstliga-Partien für die Suhler mitmachen – den sofortigen Abstieg allerdings nicht verhindern. Nach zwei weiteren Spieljahren in der DDR-Liga beendete er 36-jährig seine Laufbahn. Er kam auf insgesamt 92 Oberligaspiele, in denen er zwölf Tore erzielte. Zwanzigmal stand er in der DDR-Junioren-, zehnmal in der Nachwuchsauswahl und einmal in der DDR-Nationalmannschaft. Als Trainer wirkte er bei Motors Nachfolgeverein 1. Suhler SV, später coachte er die Junioren des FC Hinternah, Germania Ilmenau und 2008 den SV 08 Steinach. Danach arbeitete er als DFB-Stützpunkttrainer. Dennoch legte Mosert auf seine berufliche Qualifikation großen Wert, er darf sich Diplom-Ökonom, Diplom-Pädagoge und Versicherungswirt nennen. Als solcher wundert er sich bis heute, dass die DDR vom PSV Eindhoven oder der UEFA nie Schadenersatz bezog oder einforderte. Er musste erfahren, dass solche Ansprüche heute kaum mehr einzuklagen sind. Und das, obwohl seine Karriere durch den Brand von Eindhoven maßgeblich beeinträchtigt wurde. Dennoch ging er seinen Weg, auch wenn ihn vieles daran bis heute aufwühlt.

Viele Tore und ein Karriereknick

Frieder Andrich wurde erst bestraft, dann begnadigt und »rückdelegiert«

Frieder Andrich vollzog in seiner sportlichen Laufbahn vier Vereinswechsel. Delegierungen im Sinne der DDR-Sportpolitik waren jedoch nur die beiden ersten. Den spannenderen Hintergrund hatten allerdings die anderen.

Der am 22. Juli 1948 in Röderau bei Riesa geborene Andrich begann in seinem Geburtsort Fußball zu spielen, wo die BSG Chemie Riesa ihren Sportplatz hatte. Der größte Riesaer Verein, die in der DDR-Liga spielende BSG Stahl, entdeckte das Talent und holte Frieder achtzehnjährig in seine Reihen – eine Delegierung in klassischer DDR-Logik. Auch Dynamo Dresden hatte Interesse angemeldet, doch Andrichs Vater riet Frieder, in Riesa zu bleiben.

Schon in der Saison 1967/68 schoss der Youngster zwölf Tore für Stahl und kam in 25 von 30 Punktspielen zum Einsatz. Damit trug er erheblich zum erstmaligen Aufstieg der Riesaer in die DDR-Oberliga bei. »Das Jahr 1968 war überhaupt mein Jahr, denn da gelang uns nicht nur der Sprung in die erste Liga, sondern ich machte damals auch mein Abitur«, erinnert sich Andrich gern an den ersten Höhepunkt seiner sportlichen wie beruflichen Laufbahn.

In der ersten Oberligasaison der Riesaer bestritt Andrich alle 26 Punktspiele, anfangs als Stürmer, in der Rückrunde dann meist im Mittelfeld. Neuling Stahl hielt als Zwölfter knapp die Klasse. In der Folgesaison 1969/70 kam Andrich mit seinem Team auf Rang elf, er spielte aber, auch verletzungsbedingt, seltener. Das änderte sich danach wieder, in den ersten Wochen des Spieljahres 1970/71 wurde er durchweg im Mittelfeld eingesetzt. Doch am 1. November 1970 zog man ihn zum Wehrdienst ein. Die NVA-Sportfunktionäre hatten ihn natürlich längst auf dem Wunschzettel. »Ich war gerade drei Tage in der Grundausbildung, als man mich mit dem Auto abholte und nach Cottbus fuhr«, erinnert sich der »Ex-Rekrut«. In Cottbus war damals der Hauptsportverein der DDR-Luftstreitkräfte, die Armeesportgemeinschaft (ASG) Vorwärts Cottbus, beheimatet. Fortan spielte Andrich also im dortigen Stadion 8. Mai, das heute nicht mehr existiert, weil an dessen Stelle ein moderner Medienbau errichtet wurde. Für Andrich sollte das Stadion die nächsten anderthalb Jahre zur Heimspielstätte werden, mit Vorwärts spielte er wie anfangs in Riesa in der zweiten Liga. Ein erträglicher Armeedienst. Auch in Cottbus zeigte der offensiv ausgerichtete und technisch versierte Kicker seine Torgefahr, erzielte in der Saison 1971/72 mit fünfzehn Treffern die meisten seines Teams. Kein Wunder also, dass er 1972 in eine NVA-Auswahl berufen wurde, die aus Spielern der zweiten Liga, also den dort mitkickenden Armeemannschaften zusammengestellt war. Mit diesem NVA-Team trug Andrich mehrere Spiele in Syrien aus. Er muss gut gewesen sein. »Auf dem Rückflug machte man mir das Angebot, für den zentralen Armeeclub FC Vorwärts Frankfurt (Oder) zu spielen. Ich habe noch im Flugzeug zugesagt«, so Andrich. Die Bedingungen in Frankfurt seien »ordentlich« gewesen. »Ich habe gleich eine Wohnung bekommen und auch gut verdient«, begründet er seine zweite Delegierung.

Einfach war der Start in Frankfurt dennoch nicht, denn der FV Vorwärts hatte da schon sechs DDR-Meistertitel eingefahren und war personell noch immer gut besetzt. Nach und nach avancierte Andrich jedoch auch an der Oder zum Stammspieler, und zwar wie schon zuvor als torgefährlicher Mittelfeldakteur. Im ersten Jahr beim FCV wurde er mit seinem neuen Team Oberliga-Siebter, im Folgejahr

1973/74 immerhin Vierter, woran er mit neun Treffern schon beträchtlichen Anteil hatte. In der Saison 1974/75 traf Andrich sogar dreizehnmal und war damit bester Torjäger der auf Rang fünf einkommenden Frankfurter, für die er immer wichtiger wurde. Nicht zufällig berief man ihn in derselben Saison fünfmal in die Nachwuchsauswahl und einmal in die B-Nationalmannschaft der DDR.

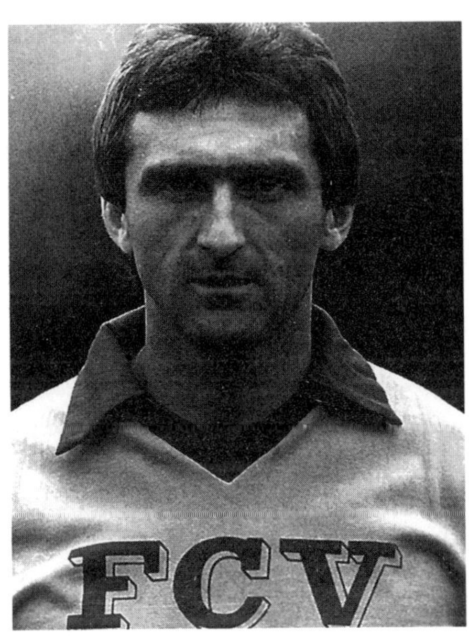

Frieder Andrich im Dress des FC Vorwärts Frankfurt (Oder)

Ein Jahr später landete der FCV zwar nur auf Platz zwölf, Andrich und Co. schafften es aber immerhin ins Pokalfinale. Das ging gegen Lok Leipzig 0:3 verloren. Doch stärker wog der Karriereknick, den Andrich in der Folgesaison erlebte. Zumal der Anlass relativ harmlos klingt: »Im Frühjahr 1977 herrschte nach einer 1:2-Niederlage bei Hansa Rostock keine gute Stimmung. Doch der Grund dafür, dass wir gleich nach dem Spiel nach Bad Saarow in eine Art Camp mussten, war die Vorbereitung auf ein internationales Heimspiel gegen ein Team aus Schweden oder Dänemark.

Genau erinnere ich mich nicht mehr. Jedenfalls wollten wir aus Langeweile in kleiner Runde abends noch ein Bier trinken. Der Objektchef verweigerte uns das, vermutlich hatte er eine Order von unseren Trainern oder Funktionären. Die Trainer standen wegen unserer Niederlage wohl schon etwas unter Druck, zumal der bevorstehende Auftritt selbst bei einem Freundschaftsspiel des Images wegen sehr ernst genommen wurde. Wir wollten uns aber nicht so abkanzeln lassen. Mein Mitspieler Hans-Hermann Herbst fand irgendwo sogar Schnaps, den ich jedoch ablehnte. Dann fand er sechs Flaschen Schaumwein. Die leerten wir zu viert. Ich wollte beim Objektleiter bezahlen, doch der hat die Sache unserem Trainer Werner Wolf verraten. Die beiden jungen Spieler Lutz Otto und Lothar Enzmann mussten daraufhin umgehend für ein paar Tage in den Armee-Knast, den es an jedem NVA-Objekt gab. Herbst und ich wurden sofort gesperrt. Und zwar für die erste und zweite Liga. Herbst für achtzehn Monate, ich für zwölf.«

Das war nicht nur sportlich ein herber Einschnitt für den Erstliga-Stammspieler, sondern er bangte auch um die Fortführung seines 1972 begonnenen Sportlehrer-Fernstudiums. »Ich wollte das bis zum Diplom zu Ende bringen«, so Andrich, der schließlich vor dem Sportkomitee der NVA in Berlin landete. Dort saß unter anderem ein Vertreter der Luftstreitkräfte, deren Repräsentationsteam mittlerweile von Cottbus nach Kamenz verlegt worden war und aktuell nur drittklassig in der Bezirksliga Dresden spielte, aber wieder in Liga zwei sollte. »Der Offizier sprach mich an, ob ich zu Vorwärts Kamenz kommen wolle. Das passte gut und war wichtig für mich, denn Bezirksliga durfte ich ja spielen. Und ich konnte aufgrund der dortigen Ambitionen Leistungssportler bleiben«, sagt Andrich heute fast dankbar für diese Chance während der Sperre.

Da die Spieler in Kamenz als Armisten vor allem darum spielten, nach den Partien Wochenendurlaub zu bekommen, erlebte Andrich gleich zum Auftakt eine besondere Episode. »In meinem ersten Spiel für die Kamenzer gewannen wir in Freital auch dank dreier Tore von mir, und wir Spieler durften also bis Dienstag nach Hause fahren. Einer meiner neuen Mitspieler war Ulrich Göhr, ein Jenaer Oberliga-Verteidiger, der gerade seinen NVA-Dienst absolvierte. Göhrs Freundin und spätere Frau war die Weltklasse-Sprinterin Marlies Oelsner, die beim Spiel zuschaute und sich dann bei mir bedankte, weil ich ihren Mann praktisch für zwei Tage von der Armee losgeeist hatte«, erzählt er amüsiert.

Andrich erwies sich auch weiter als der erwartet wertvolle Zugang für die Kamenzer. Für sie lieferte er sich 1977/78 mit Robur Zittau einen heißen Zweikampf um den Zweitliga-Aufstieg und führte die Torschützenliste der Bezirksliga Dresden an. Zugleich geriet sein Ex-Verein, der zentrale Armeeclub Vorwärts Frankfurt (Oder), in der Oberliga in höchste Abstiegsnot. Da traf Anfang März ein Anruf in Kamenz ein. Das NVA-Komitee habe entschieden, die Sperre gegen Frieder Andrich mit sofortiger Wirkung aufzuheben. Der war natürlich froh über diese Begnadigung und verspürte eine gewisse Genugtuung bei dieser Art Rückdelegierung. »Weil der Grund für die Strafe einfach eine Lappalie war«, findet er bis heute.

Den Abstieg der Frankfurter konnte der zurückgekehrte Torjäger jedoch nicht mehr verhindern, er sorgte aber – nun als Mittelstürmer – mit neunzehn Treffern maßgeblich dafür, dass der Verein 1978/79 gleich wieder zurück ins Oberhaus kletterte. »Dann hatte ich beim FCV noch sehr gute Jahre«, blickt er zufrieden zurück. Allmählich rückte er in die hinteren Mannschaftsteile, büßte an Torgefährlichkeit aber keineswegs ein. Selbst als Mittelfeldspieler und Libero wurde er 1982/83 mit sechzehn Treffern bester Torschütze der Frankfurter. Zugleich war er in dem Jahr drittbester Oberliga-Torjäger. »Das ging nur, weil mich unsere Abwehr gut absicherte«, betont er.

Seine Laufbahn beendete er mit 36 Jahren, sein letztes Spiel jedoch hatte sich der Goalgetter zunächst anders vorgestellt. Er stand für die Partie gegen Dynamo Dresden nicht in der Startelf. Als er beim Stand von 0:2 eingewechselt wurde, gelang ihm aber der 1:2-Anschluss, womit er den Weg zum 2:2-Endstand bahnte. Dieser wiederum genügte dem FCV, um sich als Tabellenvierter für den UEFA-Cup zu qualifizieren. Ein letztes Mal hatte Andrich seine Wichtigkeit als Spieler für die Frankfurter nachgewiesen.

Was dann passierte, erstaunt ihn bis heute: »Die Trainer Peter Ukrow und Jürgen Großheim wollten mich unmittelbar nach dem Spiel überreden, dass ich mich noch eine weitere Saison als eine Art Standby zur Verfügung halte. Das habe ich abgelehnt.« Stattdessen wurde er Nachwuchstrainer beim FC Vorwärts, übernahm in die Wendewirren hinein 1989 gar die ein Jahr zuvor in die DDR-Liga abgerutschte erste Mannschaft. »In die Übergangssaison 1990/91 gingen wir mit dem Ziel 2. Bundesliga. Doch ich wurde nach zehn Spielen beim Stand von zehn Punkten entlassen.« Die Nachfolger Gerd Schuth und Harald Irmscher holten dann noch ganze vier Zähler, die Frankfurter, wurden, nun als FC Victoria, sang- und klanglos Letzter.

Nach der Wende arbeitete Andrich zwischenzeitlich als Bauhofleiter, trainierte den Müllroser SV (1992–1998), den Eisenhüttenstädter FC Stahl (1998–2000), Union Fürstenwalde (2000–2003), den FSV Luckenwalde (2004–2007), Motor Eberswalde (2007–2009), Grün-Weiß Lübben (2009–2012), und schließlich führte er die Frankfurter, nun als 1. FC, noch mal von der Landes- in die Oberliga. Heute lebt er in Beeskow.

Einjähriger Ausflug

Abstieg verhilft zu Erfolgsgeschichte: Bernd Branschs Gastspiel in Jena

Bei Bernd Bransch verliefen die Vereinswechsel relativ unaufgeregt. Vor allem der eine Hin- und Rückwechsel in seiner Zeit als National- und Oberligaspieler 1973 und 1974.

Der während des Zweiten Weltkriegs am 24. September 1944 in Halle an der Saale geborene Bransch begann bei Motor Halle Süd mit dem aktiven Fußballspielen, kam über den SC Wissenschaft Halle zum SC Chemie Halle, dessen Fußball-Sektion 1966 zum Halleschen FC Chemie wurde. Bransch spielte ab 1963 mit dem SC Chemie in der obersten DDR-Spielklasse, der Oberliga. Diese musste er allerdings gleich nach der ersten Saison mit seinem Team in Richtung zweite Liga verlassen. Der zunächst als halblinker Stürmer aufgebotene Youngster wurde schnell zum Stammspieler. Sein Oberliga-Debüt gab er am 30. September 1963 beim Spiel Turbine Erfurt gegen SC Chemie, das 0:0 endete. Nach dem Abstieg erfolgte der sofortige Wiederaufstieg, an dem der Linksfuß mit zwanzig Saisontoren als bester Liga-Torschütze erheblichen Anteil hatte.

1971 gelang ihm die beste Oberliga-Platzierung mit den Hallensern, er wurde mit dem HFC Chemie Dritter. Doch es sollte noch besser kommen, zumindest für Bransch, und zwar ausgerechnet durch einen Abstieg. Denn 1973 musste der HFC erneut in Liga zwei. Der längst zum wichtigen DDR-Auswahlspieler gereifte Bransch sollte weiter in der höchsten Liga kicken. Also angelte sich ihn der FC Carl Zeiss Jena, bei dem er sofort zum Stamm-Libero wurde. Mit der Maßgabe, dass er bei einer Oberliga-Rückkehr des HFC wieder

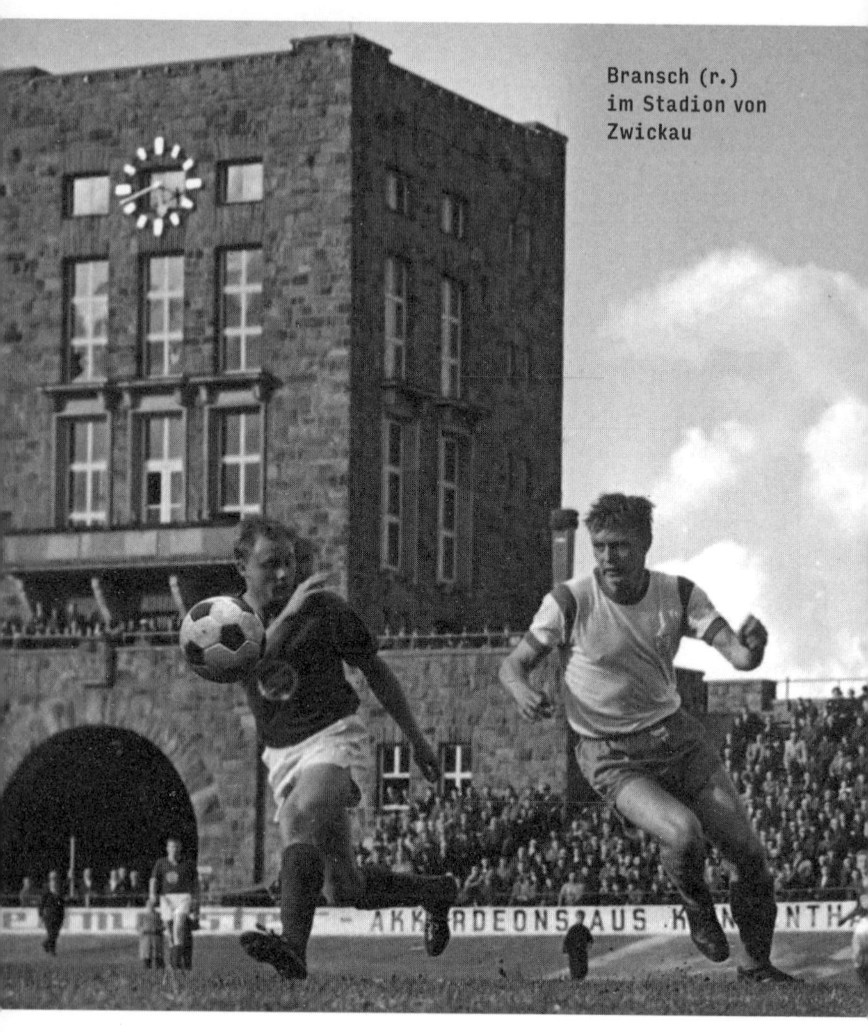

Bransch (r.) im Stadion von Zwickau

nach Halle gehen dürfe – eine vergleichsweise seltene Abmachung, die aber die Halleschen Fans und natürlich den Club selbst beruhigte. Mit den Jenaern wurde Bransch DDR-Vizemeister und holte durch einen 3:1-Endspielsieg nach Verlängerung gegen Dynamo Dresden in Leipzig vor 32000 Zuschauern zudem den FDGB-Pokal. Das dritte Jenaer Tor steuerte Bransch bei und machte damit den Gewinn des

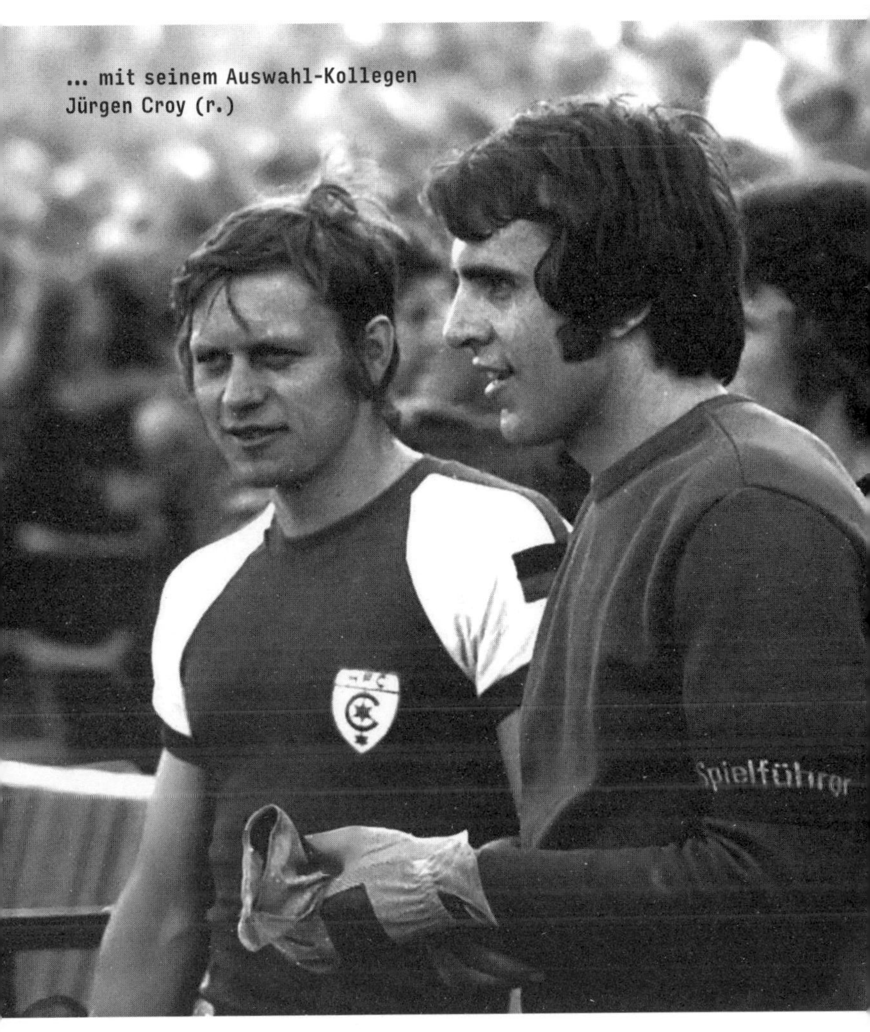

... mit seinem Auswahl-Kollegen Jürgen Croy (r.)

Potts endgültig klar. Dieses Tor war aber keineswegs sein wichtigstes in dieser Saison 1973/74. Als weitaus bedeutender für den DDR-Fußball erwiesen sich zwei Freistoßtore von Bransch Monate zuvor im Weltmeisterschafts-Qualifikationsspiel gegen Rumänien. Durch diese beiden Treffer vor 95 000 Zuschauern – ebenfalls im Leipziger Zentralstadion – und zudem am 29. September 1973, einen

Tag vor seinem 29. Geburtstag, machte er die erste und, wie sich zeigen sollte, einzige WM-Teilnahme der DDR-Auswahl klar.

Das Zentralstadion war also ein gutes Pflaster für Bransch. Er stand dann auch bei allen sechs WM-Spielen 1974 in der Bundesrepublik im DDR-Team und brachte es insgesamt auf 72 A-Auswahleinsätze für die ostdeutsche Mannschaft. Oft allerdings als Linksverteidiger statt als Libero, denn in der Auswahl hatte der Dresdner Hans-Jürgen »Dixie« Dörner diese Schlüsselposition praktisch gepachtet. Dennoch führte Bransch die DDR-Elf 45-mal als Kapitän auf den Rasen. Außerdem stand er zwanzigmal in der Olympia-Fußballauswahl der DDR, holte mit ihr 1972 in München Bronze und 1976 in Montreal Gold, wobei er allerdings nur noch im Endspiel gegen Polen (3:1) die letzten fünf Minuten eingesetzt wurde. Eine Geste von Auswahltrainer Georg Buschner in Anerkennung der großen Verdienste des Hallensers, den Buschner auch als Clubtrainer unter seinen Fittichen hatte. Mit der goldenen Olympiamedaille beendete Bransch 1976 zugleich seine bemerkenswerte Laufbahn. Zu diesem Zeitpunkt war er bereits seit zwei Jahren wieder Spieler des HFC, der 1974 wie schon nach dem ersten Abstieg umgehend ins Oberhaus zurückgekehrt war. Diesmal allerdings ohne Branschs Hilfe. Der Libero kehrte also im Sommer 1974, wie zwischen den Jenaern und den Hallensern vereinbart, wie zwischen den Jenaern und den Hallensern vereinbart, nach einjährigem Ausflug zum Spitzenclub Jena, vergleichsweise geräuschlos, aber durchaus aufmerksam von den Fans beachtet, in seine Heimatstadt zurück.

Über Leipzig zum BFC Dynamo

Die drei wichtigen Vereinswechsel des Hartmut Pelka

In der Fußballerkarriere des leider schon im Alter von 57 Jahren verstorbenen Hartmut Pelka gab es drei prägende Vereinswechsel. Der 1957 in Hohenmölsen geborene Pelka begann sechsjährig bei Aktivist Großgrimma organisiert Fußball zu spielen. Über die Station Traktor Zorbau wurde er 1968 zum Leistungszentrum Hallescher FC Chemie delegiert. Hier erwarb das Talent viele fußballerische Grundlagen. Es war der erste wichtige Wechsel Pelkas. Doch auf der Kinder- und Jugendsportschule hatte er zunehmend Probleme mitzuhalten, nicht sportlich, aber schulisch. Das wurde offenbar so massiv, dass sich HFC-Jugendleiter Horst Scholz dazu entschloss, den drangvollen Stürmer trotz aller Qualitäten abzugeben. Er rief Hans-Günter Hänsel an, damals Fußballchef bei Chemie Leipzig. »Willst du Pello haben?«, fragte Scholz. Hänsel vermutete eine Bedingung, denn normalerweise bekam eine Betriebssportgemeinschaft wie Chemie keinen so hoffnungsvollen Spieler eines Clubs. Aber der Hallenser forderte lediglich eine Lehrstelle für seinen bisherigen Schützling. Hänsel erkannte die Chance und brachte ihn beim VEB Bodenbearbeitungsgeräte Leipzig unter, einen Betrieb, mit dem Chemie gelegentlich kooperierte, obwohl er nicht der Trägerbetrieb der Leutzscher, sondern der vom Bezirksligisten Motor Lindenau war. Mit Pelka hatte Hänsel für die Leutzscher etwas geangelt, das man gern als ungeschliffenen Diamanten bezeichnet. Es war Pelkas zweiter richtungsweisender Wechsel.

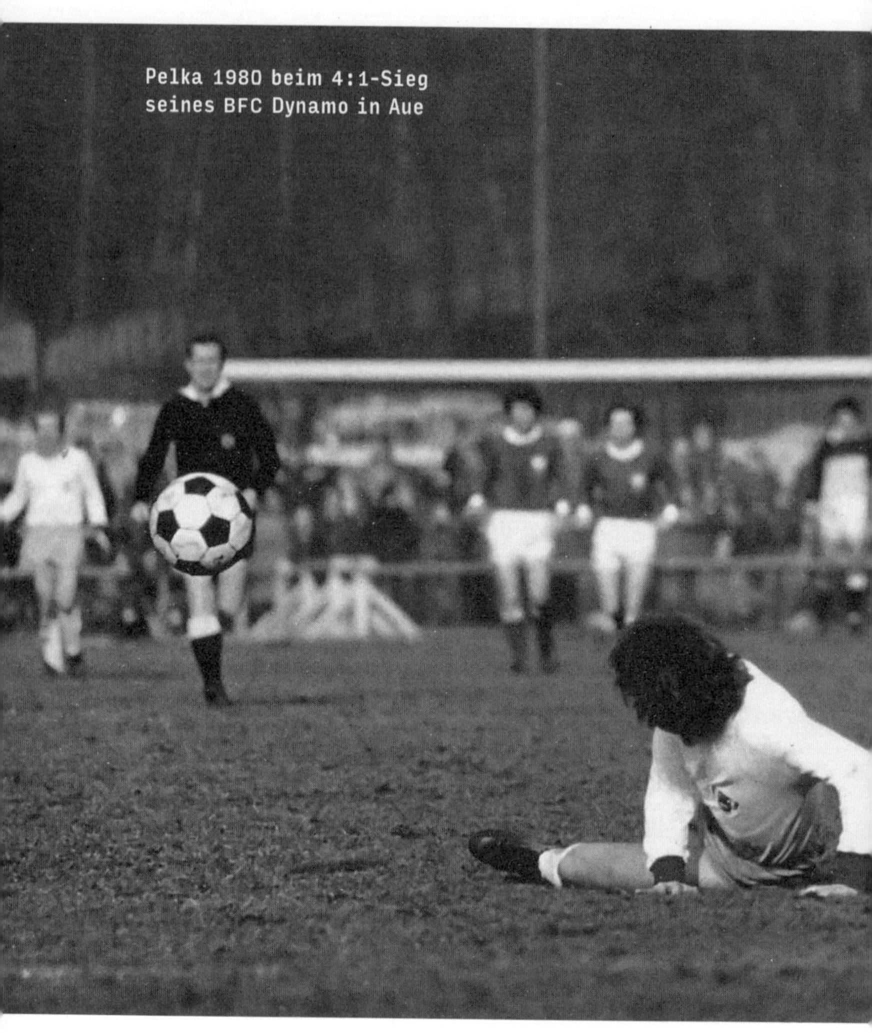
Pelka 1980 beim 4:1-Sieg seines BFC Dynamo in Aue

»Er nahm bei uns sofort eine Riesenentwicklung«, erinnert sich Hänsel. Pelka verhalf Chemie 1975 zum Wiederaufstieg, nachdem die Grün-Weißen 1974 zum zweiten Mal in die DDR-Liga abgerutscht waren. In seiner ersten Saison im Männerbereich und in Leipzig-Leutzsch steuerte Pelka achtzehn (mit Aufstiegsspielen zwanzig) Punktspieltore bei und wurde Torschützenkönig der DDR-Liga-Staffel C.

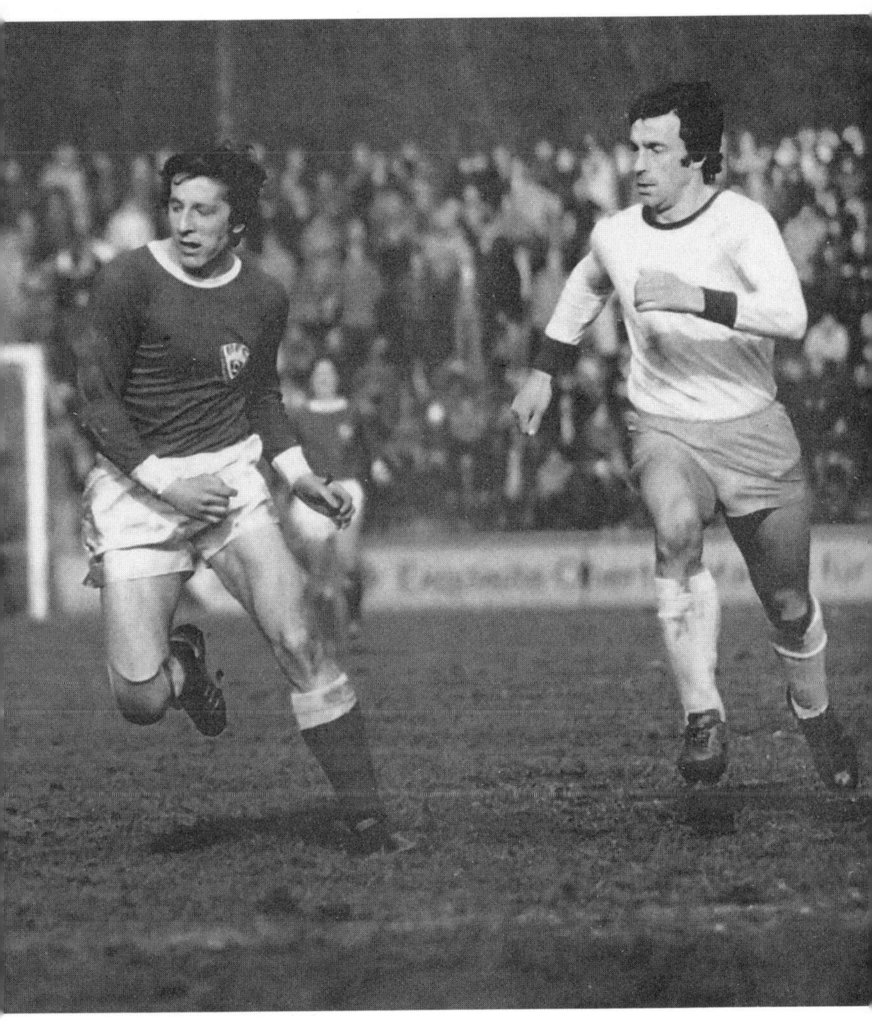

Doch die Früchte dieser tollen Serie konnte er in der Oberliga kaum ernten, weil er sich vor der Saison 1975/76 verletzte und am Knie operiert werden musste. So brachte er es in seiner zweiten Saison für die Leipziger nur zu fünf Einsätzen und konnte seinem Team beim Kampf um den Klassenerhalt, der auch aus anderen Gründen misslang, nicht helfen. Ab 1976 kam Pelka – nun wieder in der zweiten Liga – jedoch erneut in Schwung. Seine acht Treffer in dreizehn Partien brachten Chemie wie schon 1974/75 an die Spitze der Staffel C. Doch noch bevor die Aufstiegsspiele begonnen hatten, zog man Pello zum Wachregiment Feliks Dzierżyński ein. Das wurde als Armeedienst gewertet, aber das Regiment unterstand dem Ministerium für Staatssicherheit.

Im Fall Pelka steckten hinter dieser Einberufung zum Wehrdienst, die ihn als Spieler einer BSG ohnehin früher oder später ereilt hätte, natürlich sportliche Interessen. Über den Ex-Chemiker Uli Rothe war der MfS-Club Berliner FC Dynamo auf Pelka aufmerksam gemacht worden. Rothe hatte Pelka als Berufsschullehrer in Leipzig betreut und war zugleich Co-Trainer beim DDR-Ligisten Dynamo Eisleben, einem Polizeiverein, der wie der BFC den Sicherheitsorganen des Staates unterstand. Rothe kannte die Qualitäten des Torjägers. Damit war Pelkas dritter entscheidender Vereinswechsel perfekt. Für den Angreifer kein falscher Schritt, aber für Chemie besonders bitter. Nicht nur, weil er überhaupt fehlte, sondern auch vor den so wichtigen Aufstiegsspielen. Manche vermuteten in Pelkas sehr früher Einberufung eine Schikane gegen die bei hohen SED-Funktionären eher unbeliebte BSG Chemie. Mag sein, aber das Wachregiment rekrutierte seine Zugänge stets vier Wochen vor der Armee, sprich: bereits Anfang April, sodass Pelka auch nicht alle Staffelspiele mehr mitmachen konnte. Das hatte noch keine Auswirkungen, denn Chemie wurde auch so Staffel-Erster. Doch in der Aufstiegsrunde der fünf Staffelbesten kamen die Grün-Weißen ohne Pelka nicht unter die ersten zwei Teams und blieben zweitklassig.

Für den Torjäger hingegen begann nun die beste Zeit seiner Laufbahn, er kickte wieder in der ersten Liga. Mit dem BFC Dynamo erreichte er 1978 den dritten Platz der Oberliga und erzielte dabei acht Treffer. Ein Jahr darauf wurde er sogar DDR-Meister, schoss dafür vier Tore in zwanzig

Punktspieleinsätzen. Zudem stand er im Pokalfinale, das die Berliner allerdings gegen den 1. FC Magdeburg verloren. Noch besser wurde es für Pelka in der Saison 1979/80, als ihm in 24 Partien stattliche fünfzehn Tore gelangen. Das reichte für seinen Club zum zweiten Titel. Und er verbuchte in dem Spieljahr sechs Europapokal-Einsätze.

Als er sich jedoch im Sommer 1980 erneut eine Knieverletzung zuzog, zeichnete sich das frühe Ende seiner Karriere ab. Im Alter von nur 25 Jahren musste er 1982 wohl auch seiner kompromisslosen Spielweise Tribut zollen und die Fußballschuhe an den Nagel hängen. Danach agierte er noch als Juniorentrainer beim BFC und nach der Wende 2007 bis 2009 als Coach beim SV Braunsbedra in seiner alten Heimat nahe Halle. Im Juli 2014 erlag Hartmut Pelka einem Krebsleiden.

Zu früh aussortiert

Frank Baums Umweg auf die große Bühne

Eigentlich hätte Frank Baum gar nicht zu den Delegierten gehören müssen, war er doch recht früh als Elfjähriger von seinem Heimatverein Aktivist Zwenkau zum Leistungszentrum Lok Leipzig gekommen. In der Region die richtige Adresse, um zum großen Kicker ausgebildet zu werden. Doch Lok konnte, eben weil man aus dem gesamten Raum Leipzig Talente einzog, aus dem Vollen schöpfen. Und so war der Konkurrenzkampf bereits im Nachwuchsbereich groß, die Sicht der Trainer mitunter wohl nicht mehr ganz genau. Hinter jedem Talent scharrten in der Regel noch etliche andere mit den Hufen. Manch junger Spieler fiel auf die Art durchs Sieb, ging dem Fußballsport verloren oder landete bei einem kleineren Verein.

Frank Baum sagt selbst, dass er im Alter von siebzehn, achtzehn Jahren bei den Junioren der Lok (heute A-Junioren) »vielleicht die Nummer 34« gewesen sei. Zudem konnte man damals dem später zweikampfstarken Mittelfeld- und Abwehrspieler diese Tugenden figürlich noch nicht ansehen, er war recht hager. Der 1. FC Lok hatte zu dieser Zeit im Nachwuchsbereich höchste Ansprüche, die Trainer zeigten sich entsprechend erfolgsverwöhnt. Baums Potenzial nicht erkannt zu haben erwies sich retrospektiv als krasser Fehler des viel gelobten DDR-Talentsichtungssystems.

Mit Klaus Teichmann war ein Nachwuchstrainer bei Loks Stadtrivalen Chemie tätig, der zuvor bei Lok gewirkt hatte. Er kannte Baum und vermittelte 1974 seinen Wechsel zu Chemie Leipzig. Was man auch Delegierung nannte, nur eben nach unten zur so gennannten Nummer zwei in der Stadt. In Leipzig-Leutzsch erkannte Wolfgang Müller, der die zweite Mannschaft der Grün-Weißen trainierte, Baums Talent, das er entsprechend förderte. Über die Chemie-Reserve, ein Spitzenteam der drittklassigen Leipziger Bezirksliga, schaffte der es bald in die erste Mannschaft, der 1974/75 nach dem zweiten Abstieg aus der Oberliga der Wiederaufstieg gelang. Baum trug in siebzehn Zweitliga-Partien (DDR-Liga, Staffel C und Aufstiegsspiele) dazu bei.

So stand der technisch starke Linksfuß ab Sommer 1975 in der Oberliga-Elf der Chemiker, spielte einen drahtigen Part im zentralen Mittelfeld. Den sofortigen Wiederabstieg konnte auch er nicht verhindern. Dennoch hatte er mit seinen Leistungen Eindruck hinterlassen, wie sich zeigen sollte. Im Frühjahr 1978 nahm der FC Carl Zeiss Jena Kontakt mit Baum auf. »Vermittelt von meinem Chemie-Trainer Karl-Heinz Schäffner trafen sich mein Vater und ich mit den beiden Jenaer Trainern Hans Meyer und Bernd Stange in unserer Lindenauer Wohnung«, erinnert sich Baum, dessen damalige Freundin zum Gelingen des Gesprächs extra einen Kuchen gebacken hatte. »Sie war aufgeregt, es war ihr erster Kuchen«, berichtet Baum schmunzelnd. Er selbst stand gewiss ebenfalls unter Anspannung ob der zu erwartenden Offerte. »Meyer lobte den Kuchen, und es war fußballtechnisch alles recht schnell geklärt«, erzählt Baum, der die Professionalität seines, wie er nun glaubte, neuen Clubs noch heute lobt.

In Sack und Tüten war der Wechsel damit aber keineswegs, denn als Lok davon Wind bekam, legte der Club sein Veto ein. Was Baum angesichts des früheren Desinteresses überraschte. »Ich musste mit einem Vertreter von Chemie zum Gespräch bei Lok antanzen«, erinnert er sich. In Leipzig-Probstheida erwarteten ihn Loks SED-Sekretär Hans Hering, Clubchef Peter Gießner sowie Trainer Heinz Joerk, der ihn als Juniorencoach vier Jahre zuvor aussortiert hatte. (Und der in den 1950er Jahren übrigens bei FC Carl Zeiss-Vorgänger Motor Jena einige Jahre als Nachwuchs-Übungsleiter gearbeitet hatte.) Er eröffnete das Treffen mit der charmanten Bemerkung: »Also eigentlich brauchen wir dich nicht.« Der solcherart auf hohem Ross sitzende Joerk erklärte dem Spieler, dass er nicht wisse, was dieser bei Lok spielen solle, auf jeder Position gebe es zwei, drei bessere.

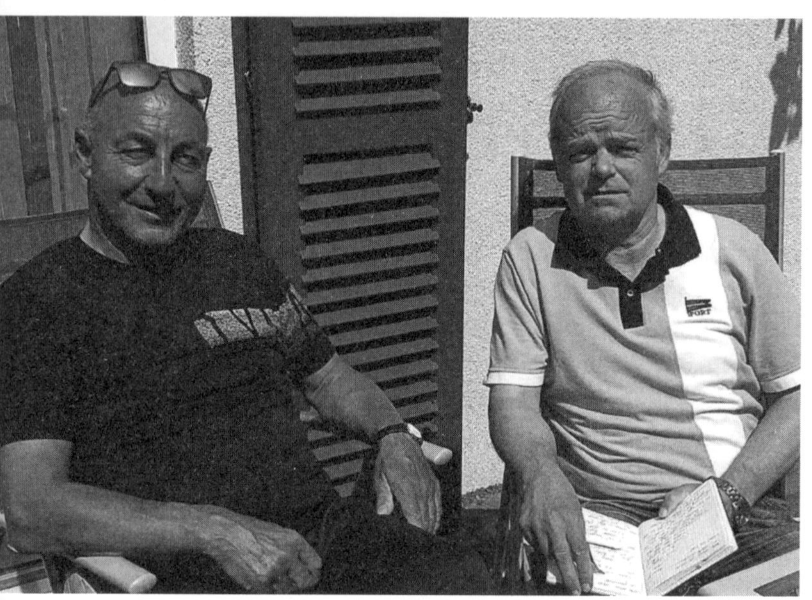

Frank Baum (l.) mit Autor Frank Müller

Trotzdem durfte Baum nicht aus dem Bezirk Leipzig raus nach Jena wechseln. Lok behielt in seinem »Sprengel« das Recht auf den jungen Spieler, der dann im Sommer 1978 »rückdelegiert« wurde. Bei einer Weigerung wäre Baum gesperrt worden, was nach den damaligen Regeln für Lok beim DFV leicht durchzusetzen gewesen wäre, wie andere Beispiele auch in diesem Buch belegen.

Also trainierte »Baumi« – etliche Lok-Spieler kannten ihn ja noch gut – widerwillig bei den Blau-Gelben mit, wurde aber von den Trainern und auch manchen Spielern abschätzig behandelt. Baums Vater, selbst einmal Fußballer, bekam Franks Probleme natürlich mit und nahm seinen Filius beiseite. »Er schwor mich ein, ich solle mich im Training endlich wehren.« Damit war im jungen Kicker der Kämpfer endgültig geweckt. »In einem Luftduell räumte ich den damals etablierten Vorstopper Winfried Gröbner so hart ab, dass der das Training beendete. Von da an hatte ich auf einmal Ruhe und mir offenbar Respekt verschafft«, konstatiert Baum. Doch zum anstehenden Europapokalspiel bei Arsenal London durfte er nicht mit.

»Nach dem unerfreulichen Vierteljahr und dieser Entscheidung habe ich spontan meine Klamotten gepackt, bin nach Leutzsch gefahren und habe zu Karli Schäffner gesagt, ich wolle wieder bei Chemie spielen.« Schäffner beruhigte Baum erst einmal. Und natürlich musste der 22-Jährige wieder zurück zu Lok. Eine richtige Entscheidung, wie sich ab da zeigte. Baum setzte sich bei Lok durch, wurde schließlich zum Stammspieler auf der Liberoposition. Im Februar 1979 wurde er zum ersten Mal in die DDR-Nationalmannschaft berufen, gab beim Freundschaftsspiel in Bulgarien (0:1) sein Debüt. Allerdings als Linksverteidiger, weil er, so wie beispielsweise auch der Hallenser Bernd Bransch, das Pech hatte, neben dem als Libero gesetzten Hans-Jürgen Dörner aufzulaufen. Baum brachte es schließlich auf siebzehn A-Länderspiele und gehörte 1980 zum Aufgebot der Olympia-Auswahl, mit der er in Moskau als Mittelfeldspieler das Finale gegen die Tschechoslowakei bestritt. Die DDR unterlag 0:1, holte Silber. Da war Joerk als Lok-Trainer übrigens schon ein Jahr Geschichte, nach nur einer Saison hatte man ihm 1979 die Verantwortung fürs Oberliga-Team wieder entzogen.

Baums Karrierehöhepunkt war trotz des Olympia-Erfolgs das Europapokalfinale der Pokalsieger gegen Ajax Amsterdam, auch wenn Lok es am 13. Mai 1987 in Athen denkbar knapp mit 0:1 verlor. Da war Baum längst Kapitän der Leipziger, für die er alles in allem 32 EC-Spiele bestritt, 202-mal in der Oberliga auflief sowie 1981, 1986 und 1987 den FDGB-Pokal gewann. Ab 1989 ließ er seine Karriere bei der BSG Chemie Böhlen ausklingen, die 1990 mit Chemie Leipzig zum FC Grün-Weiß alias FC Sachsen fusionierte. Mit Sachsen Leipzig spielte er 1990/91 noch einmal in der Oberliga, die anschließend im gesamtdeutschen Liga-System aufging. Seine großartige Laufbahn wäre früh verhindert worden, wenn Frank Baum nicht an entscheidenden Stellen den Fehlern des Talentsichtungssystems widerstanden hätte. Willensstark hat er sich trotz der ersten Auslese durchgesetzt.

Erste Delegierung selbst übernommen

Beim zweiten Clubwechsel gab man Stürmer Joachim Streich jedoch die Richtung vor

Schon 1967 bildete er eine Ausnahme: Joachim Streich nahm seine erste Delegierung gleich selbst vor. Der Stürmer meldete sich von seinem Heimatverein TSG Wismar kommend beim Fußball-Leistungszentrum des DDR-Küstenbezirkes Rostock, dem FC Hansa, an. Der damals Sechzehnjährige war also schon mit einer Portion Selbstvertrauen ausgestattet. Zu Recht offenbar, denn er schaffte es schnell in die Junioren-Oberligamannschaft der Rostocker und wurde mit ihr 1968 DDR-Meister.

Bereits mit siebzehn vollzog er den Sprung in den Männerbereich der Hanseaten, am 23. Februar 1969 kam er erstmals in der zweiten Mannschaft der Azurblauen im Spiel gegen Energie Cottbus zum Einsatz. Die FCH-Reserve spielte da in der zweithöchsten Spielklasse, der DDR-Liga, Staffel Nord, und kam immerhin auf Rang drei ein. Für den »Strich«, so sein Spitzname, ging es rasant voran, denn ab der Saison 1969/70 stand er im Rostocker Oberliga-Aufgebot und debütierte in der höchsten Liga am 23. August 1969 in der Partie gegen Dynamo Dresden, die das Team allerdings in der Elbestadt mit 0:2 verlor. Dem da zumeist als Rechtsaußen eingesetzten Youngster hielt das jedoch nicht auf, er entwickelte sich zum Stammspieler, kam sogar im Messe-Cup zu ersten internationalen Einsätzen für die Rostocker. Zuvor war er schon in der DDR-Juniorenauswahl fünfzehnmal aufgelaufen, wurde mit dieser im Sommer 1969 Zweiter des UEFA-Juniorenturniers. Zudem erzielte er in seinem ersten Oberliga-Spieljahr mit acht Treffern die meisten im

Hansa-Kader. Mit achtzehn berief man ihn zum ersten Mal in die A-Auswahl, am 8. Dezember 1969 durfte er im Match gegen den Irak (1:1) zur zweiten Halbzeit für seinen späteren Magdeburger Teamkollegen Jürgen Sparwasser aufs Feld.

Kein Wunder, dass Streich nun häufig als Mittelstürmer aufgestellt wurde, denn bis zur Saison 1974/75 schoss er stets die meisten Tore für Hansa. Doch das Jahr 1975 brachte ihm die Trennung von den Rostockern. Für immer ein Fleck auf seiner sportlichen Vita wird bleiben, dass er im letzten Spiel der Saison einen Elfmeter verschoss und sozusagen damit das letzte Wort zum Abstieg sprach, ungewollt natürlich. Da er als etablierter Nationalspieler nicht zweitklassig spielen konnte, war unvermeidlich, den FC Hansa zu verlassen. Was ihm von den Rostocker Fans ungeachtet seiner Verdienste heftige Kritik einbrachte. Sogar Absicht wurde ihm beim verschossenen Strafstoß unterstellt. Streich weist das von sich. »Aber ich würde heute in die andere Ecke schießen«, fügt er mit fast siebzig Jahren scherzhaft hinzu.

Als Wechselziel peilte Streich 1975 den FC Carl Zeiss Jena an, Trainer Hans Meyer wollte ihn haben. Die Thüringer boten damals, wie auch andere Geschichten in diesem Buch belegen, alles, was sich ein DDR-Fußballer wünschen konnte, also schien die Sache klar. Doch der Deutsche Fußball-Verband der DDR in Person des eloquenten DFV-Generalsekretärs Günter Schneider hatte etwas dagegen, wollte wohl die materiell hervorragend ausgestatteten Jenaer nicht zu stark werden lassen. Streich wurde vor die Alternative gestellt, in Rostock zu bleiben (und damit für mindestens ein Jahr zweitklassig zu kicken) oder zum 1. FC Magdeburg zu gehen. Der Torjäger wählte die Delegierung in die Bördestadt – und hat es nie bereut. Eine geräumige Wohnung wartete, und auch finanziell sorgte man für den wertvollen Stürmer hinreichend.

Zusammen mit Sparwasser wurde er gleich wieder bester Schütze seiner Mannschaft, beide trafen dreizehn mal.

Allerdings holten die Magdeburger mit Streich nie den Meistertitel, was ihnen zuvor immerhin dreimal gelungen war. Streich nahm sich deshalb selbst auf die Schippe und sagte: »Als ich kam, ging es mit dem 1. FC Magdeburg bergab.« Das stimmte natürlich nicht, er erlebte mit den Blau-Weißen neben beeindruckenden Oberligaspielen auch große Europacup-Partien, wie etwa gegen Schalke 04, PSV Eindhoven, Borussia Mönchengladbach und Arsenal London. Auch herbe Schlappen musste er einstecken, so als der FCM gegen den FC Barcelona mit 1:5 unterging.

In der DDR-Nationalmannschaft wurde er 98-mal eingesetzt und schoss 53 Tore. Für die DDR-Olympia-Auswahl kickte er weitere elfmal und kam auf acht Treffer. Bei den Olympischen Spielen 1972 holte er Bronze. Zwei Jahre später fuhr er zu WM nach Westdeutschland, traf jeweils einmal gegen Australien und Argentinien, fehlte jedoch beim historischen 1:0-Sieg gegen die Gastgeber. Zum letzten Mal lief Streich am 20. Oktober 1984 im WM-Qualifikationsspiel gegen Jugoslawien (2:3) auf. Sein 100. Länderspiel hatte er zuvor im berühmten Londoner Wembley absolvieren können. Dass diese Partie vom 12. September 1984 mit 0:1 gegen England verloren wurde, konnte Streich angesichts des glanzvollen Rahmens wohl verschmerzen.

Seine Oberliga-Karriere beendete Streich 1985, nach 237 Partien in zehn Jahren für den FCM, zusammen mit den 141 für Hansa schaffte er es auf 378 Erstliga-Einsätze, in denen er sage und schreibe 229-mal traf. Womit er die ewige Oberliga-Torschützenliste mit großem Vorsprung vor Eberhard Vogel (188) und Peter Ducke (153) anführt. Kein Wunder, dass Streich viermal zum DDR-Torschützenkönig avancierte: 1977, 1979, 1981 sowie 1983. Beim 10:2 gegen Chemie Böhlen (1978/79) setzte er das Leder sogar ein halbes Dutzend Mal in die Maschen. Im selben Jahr gewann er mit den Magdeburgern zum zweiten Mal den FDGB-Pokal.

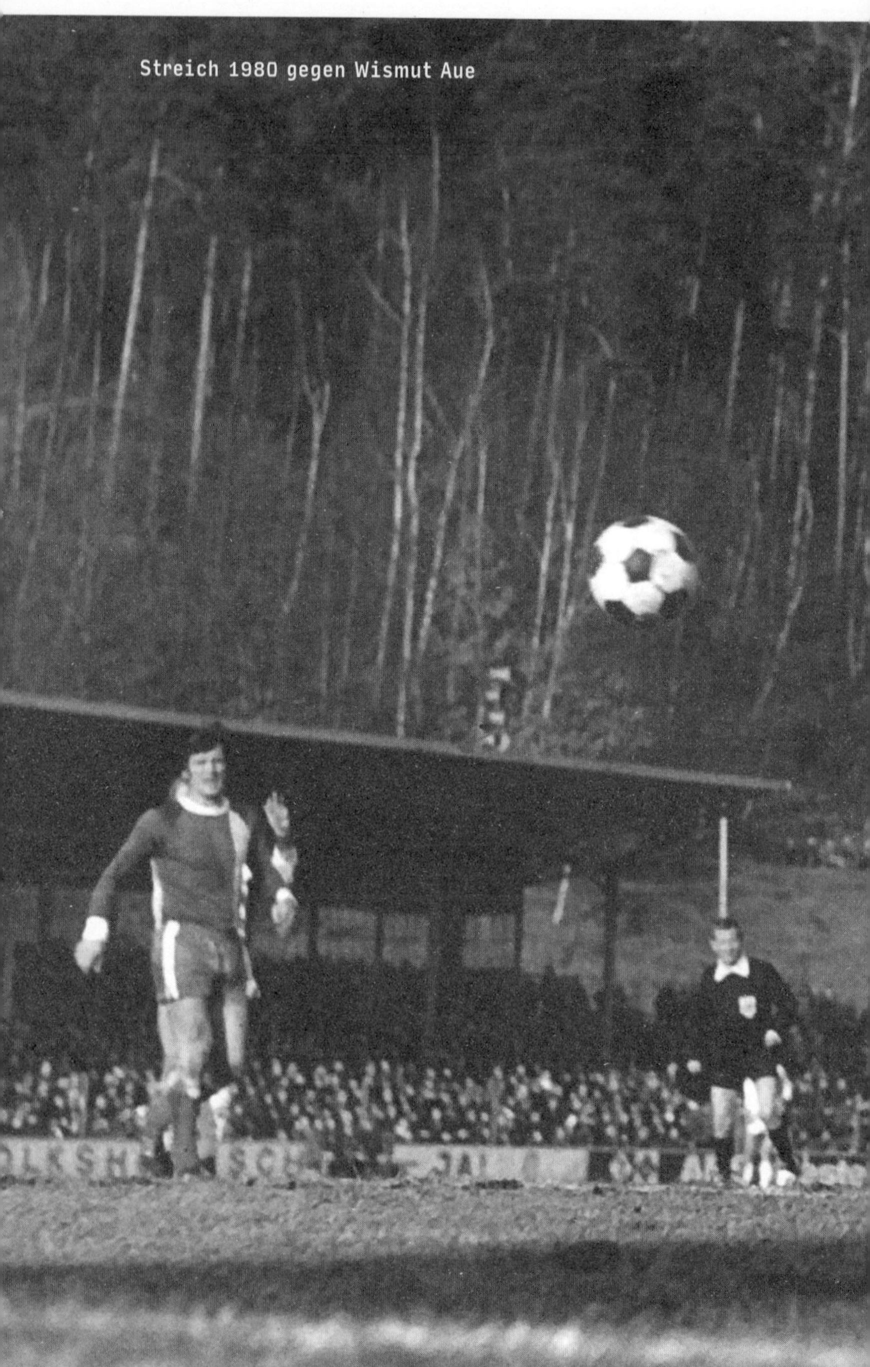
Streich 1980 gegen Wismut Aue

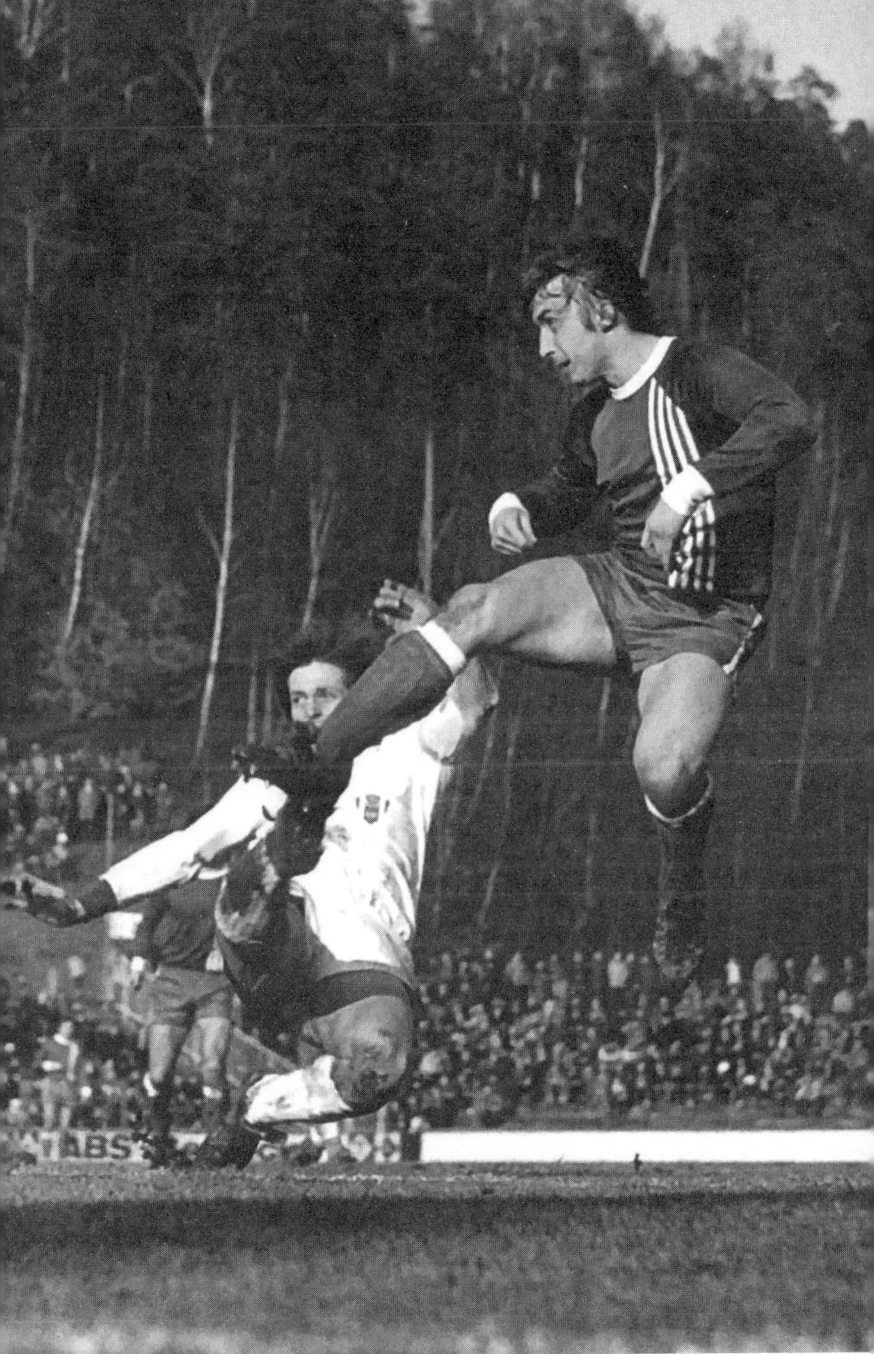

Zum dritten Pokalsieg 1983 steuerte der Kanonier im Finale gegen den FC Karl-Marx-Stadt zwei Treffer zum 4:0 bei. Standesgemäß auch, dass er 1979 und 1983 zum DDR-Fußballer des Jahres gekürt wurde, wenngleich ihm Experten immer mal wieder mangelnde Laufbereitschaft vorhielten. Derlei Kritik konterte er stets gelassen mit dem keineswegs arrogant gemeinten, aber doch selbstgewissen Hinweis auf seine Torausbeute.

Nach seiner aktiven Laufbahn wurde der einst auf einer Wismarer Werft zum Schaltanlagenbauer ausgebildete Elitestürmer mit genialem Torinstinkt, Dribbelstärke und prächtiger Schusstechnik Trainer und wollte sein Können und Wissen – er absolvierte ein Studium zum Diplom-Sportlehrer – an junge Talente weitergeben. Doch man drängte ihn, eher gegen seinen Willen, in den Männerbereich, wo größere Erfolge aber ausblieben.

Im vereinigten Deutschland unterschrieb er in Magdeburgs Partnerstadt Braunschweig einen Trainervertrag, blieb bei der zweitklassigen Eintracht jedoch ebenso glücklos wie nach seiner Rückkehr zum 1. FC Magdeburg. Nach der verpassten Qualifikation zur 2. Bundesliga mischte der FCM ab 1991 nur noch in der damals drittklassigen Amateur-Oberliga Nordost mit. Der Aufstieg in die 2. Bundesliga blieb auch unter Coach Streich aus, und er wurde von seinem ehemaligen Verein entlassen. Nach einigen Jahren als Präsident von Fortuna Magdeburg coachte er 1996/96 doch noch einmal in der 2. Liga, wo er dem FSV Zwickau in einem starken Rückrundenspurt den Klassenerhalt sicherte. Danach beendete er seine Trainerlaufbahn und arbeitete fortan für Sportartikelhersteller und als Zeitungskolumnist.

Seine beiden Delegierungen, die erste selbst-, die zweite fremdbestimmt, haben seiner sportlichen Karriere ohne Zweifel gutgetan. Der damit verbundene Ruf als großer Fußballer hallt Joachim Streich bis heute wohltuend nach.

Jena vorsichtig, aber im richtigen Moment

Erfurter Rüdiger Schnuphase ging für acht Jahre zum FC Carl Zeiss

Die Brisanz seiner Delegierung von Erfurt nach Jena spürt Rüdiger Schnuphase noch heute. Durchaus amüsiert berichtet er, wie er immer wieder auf seinen Wechsel zum Erzrivalen angesprochen wird. Mittlerweile kaum mehr verbissen, aber »manche haben das eben nicht vergessen«, sagt der einstige Nationalspieler.

Schnuphase stammt aus dem etwa 25 Kilometer von Erfurt entfernten Werningshausen. Dort wuchs er auf, wenngleich sein Geburtsort (nach eigener Aussage und anders als überall zu lesen) Erfurt ist. Sein Geburtstag: der 23. Januar 1954. Als Achtjähriger spielte er erstmals organisiert Fußball, bei Traktor Werningshausen gleich auf Großfeld, weil es zu dieser Zeit noch keine Kleinfeldteams gab. Schon mit zehn Jahren holte ihn sich der SC Turbine Erfurt, aus dem sich im Januar 1966 der FC Rot-Weiß ausgliederte. Beim nun reinen Fußballclub erhielt Schnuphase seine maßgebliche Ausbildung und entwickelte sich zum Junioren-Nationalspieler. Zunächst noch als Stürmer, bis ihn Auswahltrainer Rudolf Krause einmal aus Personalnot in die Abwehr beorderte. In Erfurt beobachtete man das anfangs mit Bauchschmerzen, war man doch froh, endlich wieder mal einen starken Stürmer hervorgebracht zu haben. Schließlich kam Schnuphase bei den Rot-Weißen vorwiegend im Mittelfeld zum Einsatz, und zwar mit ordentlich Drang zum Tor.

Nachdem die Erfurter 1971 aus der Oberliga abgestiegen waren, schaffte Schnuphase in der anschließenden Zweit-

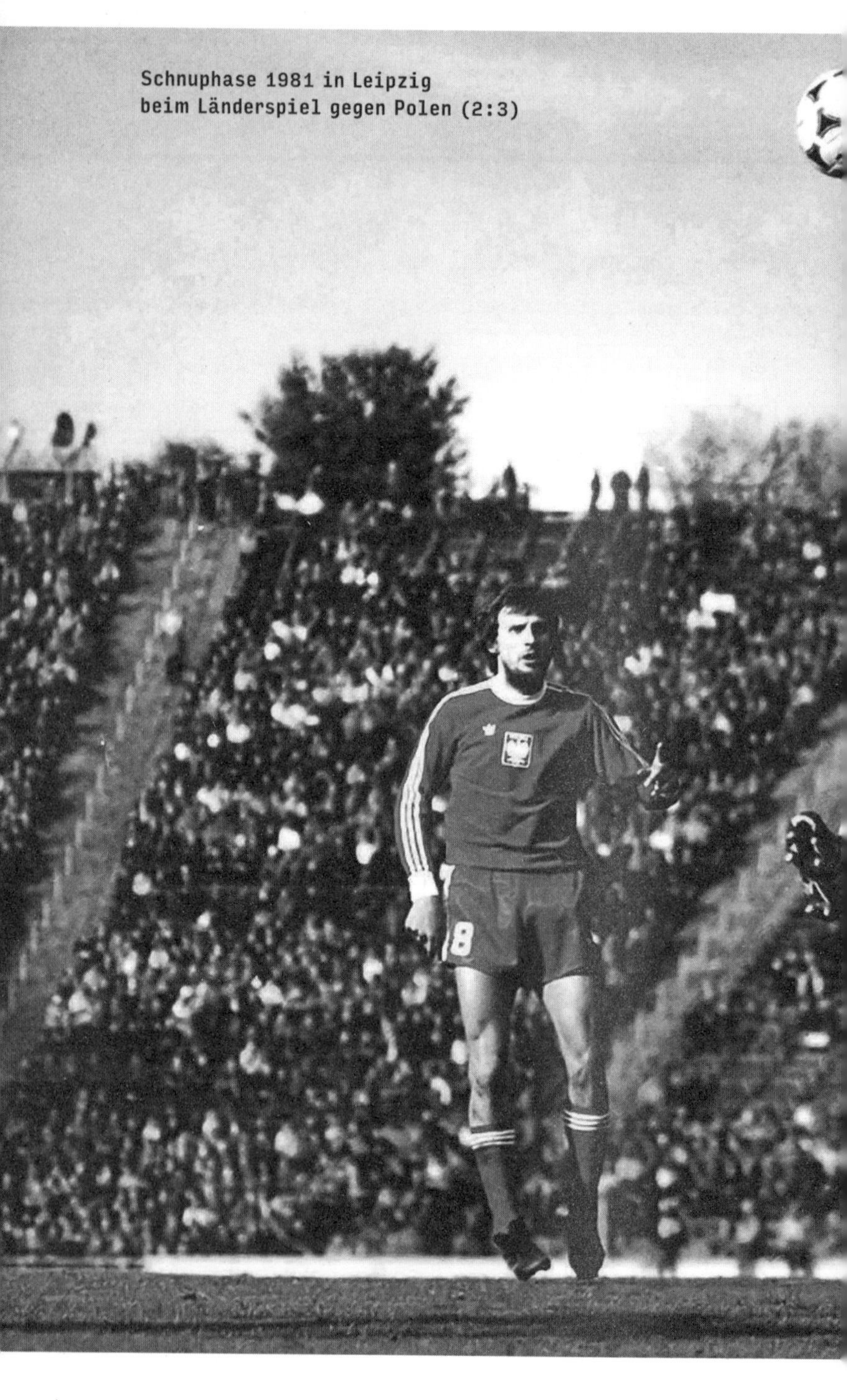

Schnuphase 1981 in Leipzig
beim Länderspiel gegen Polen (2:3)

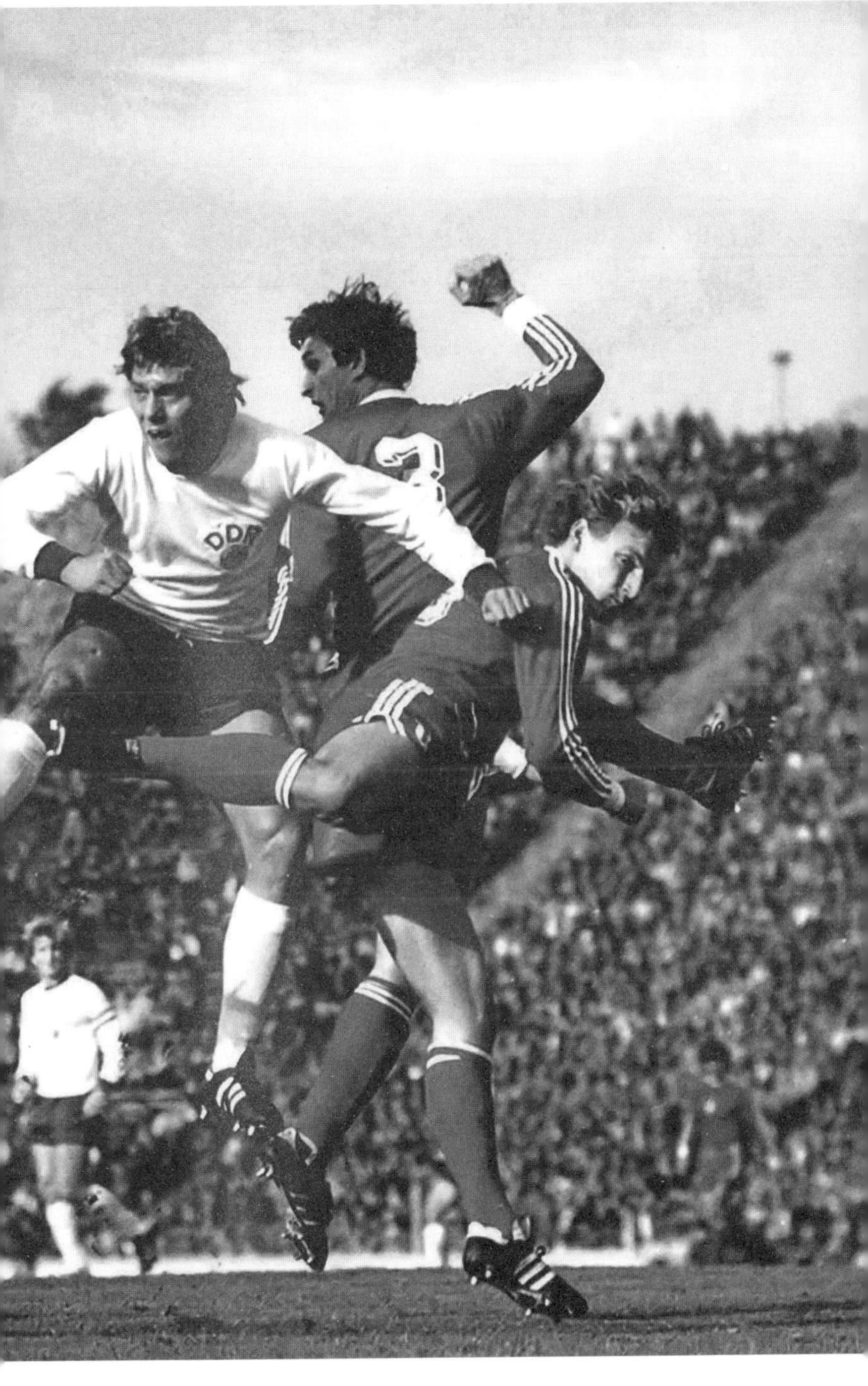
DDR

ligasaison den Sprung in die erste Männermannschaft. »Dabei kam mir eine kuriose Sache zupass, die zunächst mal sehr misslich war«, erinnert er sich. In der Qualifikation zum UEFA-Juniorenturnier 1972 gab es nach 2:0 und 0:2 gegen Polen ein Elfmeterschießen. Aber damals im seltsamen Rhythmus, demnach erst die eine Mannschaft alle fünf Elfer schießen musste und dann die andere. »Die Polen waren zuerst dran und verwandelten durchweg. Ich ging als erster DDR-Schütze an den Punkt und vergab. Damit war die Sache gleich gegen uns entschieden.« Für die DDR-Auswahl war durch Schnuphases Lapsus das Turnier in Spanien passé. Doch was dem Fehlschützen zunächst auf den Magen schlug, sollte sich noch als vorteilhaft erweisen: Da er nicht zur Junioren-EM fuhr, konnte er die nach der DDR-Liga-Umstellung von 1972 erstmals nötige Aufstiegsrunde zur Oberliga mitmachen. Denn Rot-Weiß war in dieser Saison Staffelsieger geworden. »In den acht Partien spielte ich mich dann richtig in die Stammelf«, sagt er rückblickend. Am Ende stand der Aufstieg.

Allerdings spielte er mit den Erfurtern drei Jahre lang erst mal nur gegen den Abstieg. Und mit Trainer Gerhard Bäßler, der dem Jungstar viel abverlangte, wurde er nicht warm. So kam ihm 1976 ein Angebot vom FC Carl Zeiss Jena ganz recht. »Ich wollte auch international spielen, was in Erfurt kaum möglich schien«, beschreibt Schnuphase sein Motiv. »Ich wäre auch zu keinem anderen Verein gegangen als nach Jena.«

Dabei gestanden ihm die Jenaer später, dass sie gerade bei ihm eher vorsichtig waren. Einerseits wegen des angespannten Verhältnisses zum thüringischen Rivalen, andererseits nahmen sie an, dass der Spieler nicht wechselwillig sei. »Ich habe den Schritt aber nie bereut«, bekennt Schnuphase, der zu dem Zeitpunkt bereits neunmal in der A-Auswahl der DDR eingesetzt worden war. Diese wurde da schon vom Ex-Jenaer Georg Buschner betreut, während es

Schnuphase beim FC Carl Zeiss mit dem jungen, aber strengen Hans Meyer als Trainer zu tun hatte. »Er strahlte sofort Autorität aus«, so Schnuphase, der mit dem Coach dennoch gut zurechtkam. »Auch sonst war in Jena alles professionell. Der DDR-Fußball-Verband DFV hatte ebenfalls nichts gegen den Wechsel, der ja sportlich sinnvoll schien. Und Erfurt konnte eigentlich nichts dagegen machen.«

Die Erfurter Fans trugen Schnuphase die freiwillige Delegierung durchaus nach. »Außer im Stadion bei den Derbys hat sich das aber in Grenzen gehalten«, beschreibt er die Reaktion der Rot-Weiß-Anhänger, um dann doch zu ergänzen: »Die Handwerker für meine Wohnung musste ich alle aus Jena kommen lassen, in Erfurt wollte keiner für mich arbeiten.«

Weil Schnuphases Frau Jutta damals Solotänzerin am Erfurter Theater war, wollte sie nicht in Jena leben. Nach nur einem Jahr zog man also wieder zurück nach Erfurt, obwohl der Kicker weitere sieben Jahre lang für die Jenaer spielte. »Als ich deshalb in Erfurt einen Telefonanschluss anmelden wollte, ging kein Weg rein«, erzählt Schnuphase von einer der Erfurter Schikanen gegenüber dem Abgängigen. Als dieser 1984, nun dreißigjährig, mit Einverständnis der Jenaer zum FC Rot-Weiß zurückkehrte, dürften sich die meisten Erfurter Fans wieder beruhigt haben. Bis 1986 spielte er noch in Erfurt, wo er danach noch als Nachwuchstrainer (erst im Club, dann im Thüringer Fußball-Verband) tätig war: »Das war schon bei meiner Rückkehr so geplant.«

Seine sportlich beste Zeit hatte er allerdings eindeutig in Jena, auch wenn er mit Carl Zeiss nie DDR-Meister wurde. Immerhin spielten die Jenaer stets in der Oberliga-Spitze mit. Der einzige Titel mit dem FCC gelang Schnuphase, da schon als Libero, 1980 ausgerechnet mit einem Finalsieg über Rot-Weiß im FDGB-Pokal. Die daran anschließende Serie im Europapokal der Pokalsieger führte die Jenaer bis ins Endspiel gegen Dinamo Tiflis, das Schnuphases Elf dann 1:2 verlor. Zuvor hatte man in spektakulären Partien den AS Rom (0:3, 4:0), den FC Valencia (3:1, 0:1), Newport County (2:2, 1:0) und Benfica Lissabon (2:0, 0:1) ausgebotet. Zum Finale in Düsseldorf kamen dann gerade mal knapp 5000 Zuschauer. »Das Spiel hätte man angesichts dieser Paarung besser nach Osteuropa verlegt«, ärgert sich Schnuphase noch heute über die westdeutsche Ignoranz bezüglich der eigentlich hochkarätigen Partie.

Neben den internationalen Auftritten zählt die olympische Silbermedaille mit der DDR-Auswahl 1980 in Moskau zu Schnuphases Karrierehöhepunkten. In der Nationalmannschaft brachte er es auf 45 Einsätze, in der Oberliga spielte er 320-mal, davon 123-mal für Erfurt, 197-mal für die Jenaer, für die er zudem 35-mal im Europacup auflief. Stattliche 123 Tore schoss der nominell eher defensiv eingesetzte Akteur in der ersten Liga, 1981/82 wurde er mit neunzehn Treffern sogar Oberliga-Torschützenkönig, und das als Libero! Mit seinen Vereinswechseln nach Jena und zurück nach Erfurt hat er zweifellos alles richtig gemacht.

Dynamo statt Armeedienst

Elbe statt Ostsee: Keeper Bernd Jakubowski nutzte seine Chance in Dresden

Der Wechsel von Bernd Jakubowski vom FC Hansa Rostock zu Dynamo Dresden verläuft 1976 wenig spektakulär. »Jaku«, 2007 im Alter von nur 54 Jahren nach einem Krebsleiden verstorben, war vier Jahre lang Ersatzmann beim FC Hansa hinter Stammkeeper Dieter Schneider. »Dann wurde ich vor die Wahl gestellt, entweder meinen Wehrdienst zu leisten oder nach Dresden zu wechseln«, erzählte er später. So zog der Ostseestädter während der Oberligasaison an die Elbe um. Zwei Jahre teilte er sich die Torhüterposition mit Claus Boden, ehe er die unumstrittene Nummer eins bei Dynamo wurde. Zehn Jahre stand er zwischen den Pfosten und gewann mit der DDR-Olympia-Auswahl 1980 die Silbermedaille in Moskau. 2003 stellten die Dynamo-Fans ihr All-Star-Team aus damals fünfzig Jahren Vereinsgeschichte zusammen – und ins Tor Bernd Jakubowski, der später auch als Manager und Vizepräsident bei Dynamo wirkte.

In Rostock geboren, wurde Jakubowski schon im Kindergarten entdeckt. Er war gerade mal vier, als er sein erstes Training absolvierte. Später besuchte er die Kinder- und Jugendsportschule, schaffte den Sprung in die DDR-Nachwuchsauswahl und ins Oberliga-Aufgebot von Hansa Rostock. Am 11. September 1971 feierte er beim 3:1-Sieg der Hanseaten in Riesa als Achtzehnjähriger sein Debüt in der höchsten Spielklasse der DDR. In den folgenden fünf Jahren kamen aber nur noch 35 Oberligapartien hinzu. Als die Dresdner einen zweiten Torhüter hinter Stammkeeper Claus Boden suchten und ihm anboten, zu Dynamo zu

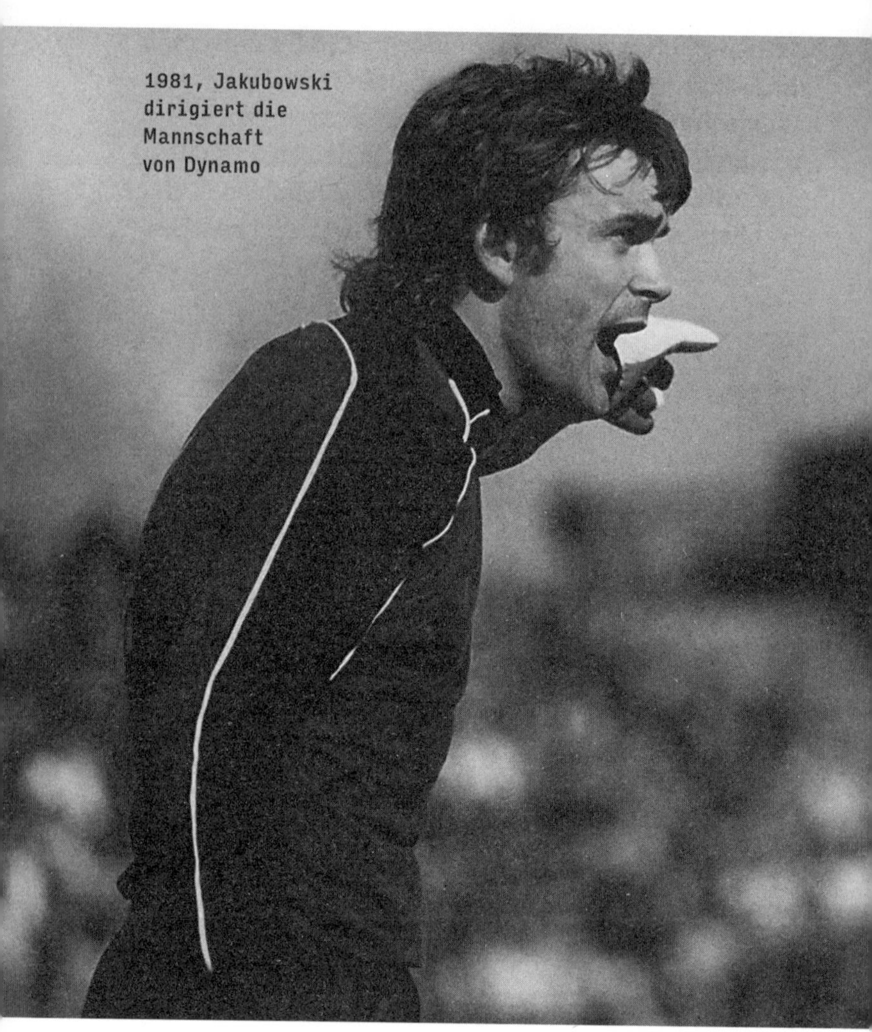
1981, Jakubowski dirigiert die Mannschaft von Dynamo

kommen, überlegte Jakubowski nicht lange. Am 1. Dezember 1976 zog der Ostseestädter in die Elbestadt. Ein Wechsel, der sich für den 1,88-Meter-Schlussmann in jeder Beziehung auszahlte. Ein Jahr später feierte er mit Dynamo Dresden die Meisterschaft, ab 1979/80 war er die Nummer eins zwischen den Pfosten. Insgesamt bestritt Jakubowski 232 Punkt- und Pokalspiele sowie 31 Europapokalpartien.

Neben zwei DDR-Meistertiteln stemmte »Jaku« viermal den FDGB-Pokal in die Luft. »Es war immer ein geiles Gefühl, dem BFC Dynamo das Doppel aus Meisterschaft und Pokal zu vermasseln«, erinnert er sich in dem Buch »Dynamo Dresden – Tradition verpflichtet«. 1982, 1984 und 1985 gewannen die Dresdner im Berliner Stadion der Freundschaft die Endspiele gegen den BFC.

Seinen Europapokal-Einstand gab Jakubowski 1977 in den Viertelfinalspielen gegen den FC Zürich (1:2, 3:2). Zwei Jahre später bot ihn Trainer Gerhard Prautzsch im Rückspiel gegen Austria Wien als Mittelstürmer auf. Dynamo führte nach einer 1:3-Niederlage in Dresden mit 1:0, brauchte aber einen zweiten Treffer zum Weiterkommen. Acht Minuten vor dem Abpfiff wurde der Keeper als Stürmer eingewechselt. Seine Kopfballstärke hatte er oft im Training untermauert, aber seine Großchance in den Schlussminuten konnte er nicht nutzen. Auch das abrupte Ende seiner leistungssportlichen Laufbahn war eng verknüpft mit dem Europapokal und einer der bittersten Stunden, die Dynamo Dresden je erlebte. Am 19. März 1986 kamen die Elbestädter bei Bayer Uerdingen mit 3:7 unter die Räder. Zur Pause führte Dynamo mit 3:1, den 2:0-Hinspielsieg hinzugerechnet mit 5:1. Doch Jakubowski musste schwer verletzt in der Kabine bleiben. Wolfgang Funkel hatte den Dresdner Keeper nach einer Eingabe ohne Rücksicht auf Verluste weggerammt. Der eingewechselte Jens Ramme kassierte in der »Grotenburg-Kampfbahn« zwischen der 58. und der 87. Minute sechs Gegentore. Bernd Jakubowski musste aufgrund der schweren Schulterverletzung seine Laufbahn mit 33 Jahren beenden.

Der diplomierte Sportlehrer war danach als Jugend- und Torwarttrainer bei Dynamo tätig und 1991/92 Vizepräsident. Später fungierte er als Trainer in Meißen und Radeberg, betrieb ein Fitnessstudio, ehe er 1999 für zwei Jahre als Sportdirektor zu Dynamo Dresden zurückkehrte.

Wechsel nach Jena mit 15000 Mark »Umzugshilfe«

Lutz Lindemanns Umweg zum Auswahlspieler mit Happy End

Lutz Lindemann, Jahrgang 1949 und in Halberstadt geboren, bestritt 21 Länderspiele für die DDR. Recht spät, wenige Tage nach seinem 28. Geburtstag, feierte er sein Debüt in der A-Nationalmannschaft. »Wir spielten in Berlin gegen Schottland und gewannen mit 1:0.« Lindemann legte einen starken Auftritt hin. Wenige Wochen zuvor war er vom FC Rot-Weiß Erfurt zum FC Carl Zeiss Jena gewechselt und hatte damit seine späte Auswahlkarriere doch noch angeschoben.

Dabei deutete im Nachwuchsbereich viel darauf hin, dass Lindemann eine schnörkellose Auswahllaufbahn haben wird. 1965 war er nach Magdeburg gegangen und hatte ein Jahr später seine ersten Länderspiele für die DDR-Juniorenauswahl bestritten. Alles lief nach Plan, Lindemann besuchte die Kinder- und Jugendsportschule. »In der Abiturklasse über mir drückten Manfred Zapf, Paule Seguin und Jürgen Sparwasser, die später mit Magdeburg den Europapokal gewannen, die Schulbank.« Doch dann stieg Heinz Krügel als Trainer beim FCM ein. Damit änderte sich die Windrichtung. »Ich war die Nummer 23 oder 24. Und als die Mannschaft 1967 ins Trainingslager nach Bulgarien flog, durfte ich nicht mit. Da war mir klar, dass ich keine Chance habe.« Die Anfrage aus Eisenhüttenstadt kam zum richtigen Zeitpunkt. »Die wollten in die DDR-Oberliga, boten ein paar Mark unter der Hand und eine kleine Wohnung. Ich habe zugesagt, hatte aber die Rechnung ohne den sogenannten Schwerpunktclub in Magdeburg gemacht. Spieler von diesen Vereinen abzuwerben war illegal, und prompt ging eine Beschwerde an den Fußballverband. Hütte wurden vier Punkte wegen unerlaubter ›Spielerziehung‹, wie man die Abwerbung damals bezeichnete, abgezogen.« Für Lutz Lindemann aber kam das dicke Ende noch. »Da ich nicht einsichtig war, sperrte man mich für eineinhalb Jahre. Ich musste meine Lehre abbrechen, habe sie dann in Halberstadt fortgesetzt und im Sommer 1968 beendet. Vom großen Fußball war ich meilenweit weg, durfte lediglich hin und wieder bei Lok Halberstadt mittrainieren.«

Nach der Armeezeit in Berlin, einem kurzen Gastspiel beim BFC Dynamo und einer Meniskusoperation 1969 in der Charité spielte Lindemann, inzwischen verheiratet, mit der BSG Lok Halberstadt in der Bezirksliga, der dritthöchsten DDR-Spielklasse. »Wir schafften es bis in die Aufstiegsrunde. Kurz danach klopfte Motor Nordhausen-West, eine Spitzenmannschaft der DDR-Liga an. »Eines Tages standen zwei Herrn vor der Haustür. Die fuhren mit uns nach Nordhausen und zeigten uns einen Neubaublock. Wenig später zogen wir dort mit unserem Söhnchen ein. Ich wurde beim Schachtbau Nordhausen angestellt, spielte aber fortan fast ausschließlich Fußball für Motor. Lediglich donnerstags und freitags musste ich sieben Stunden als eine Art Schlosser im Werk sein.«

Im März 1971 war Schluss in Nordhausen, Lindemann hatte als Fußballer, meist im Mittelfeld eingesetzt, mit vielen guten Spielen auf sich aufmerksam gemacht. »Ich wurde delegiert, obwohl ich nie wieder zu einem Sportclub wechseln wollte. Aber Motor hatte keine Chance, Pateiauftrag war Pateiauftrag. Ich musste oder durfte, wie man es sieht, mitten in der Saison in die Blumenstadt wechseln. Da der DFV hinter der Delegierung stand, war alles möglich. Und aus heutiger Sicht auch gut so.« Lindemann bestritt in der Saison 1970/71 noch sieben Spiele, schoss fünf Tore für Rot-Weiß, konnte aber den Abstieg in die nunmehr fünfstaffelige

2. Liga nicht abwenden. Ein Jahr später ging es wieder nach oben. Lindemann spielte inzwischen im Sturm. »Ich hatte ein paar schöne Jahre, wir bekamen sogar mit unseren Familien Ferienplätze an der Ostsee, die eigentlich wie ein Sechser im Lotto waren.«

Die WM 1974 erlebte Lutz Lindemann vor dem Fernseher. An ein Länderspiel war auch danach nicht zu denken, »obwohl ich nach 1974 in den Bestenlisten der *fuwo* (der DDR-Fußballzeitung – d. A.) auf meiner Position vorn stand und es in die Elf des Jahres schaffte«. Die langersehnte Auswahleinladung flatterte 1976 auf den Tisch. »Ich war einer von zwei älteren Spielern in der Nachwuchsauswahl, die über 23 sein durften. Wir spielten in Jena gegen den amtierenden Europameister Ungarn und gewannen 2:1. Ich schoss das Siegtor.« Wenige Stunden nach dem Spiel folgte der erste Kontakt zum FC Carl Zeiss über Paul Dern, Hochschullehrer und Fitnesscoach der Jenaer. Im März 1977 lud eben jener Dr. Dern Lutz Lindemann zu sich nach Hause ein. »Er sagte zu mir: ›Wenn du hier gut spielst, gehört dir auch bald so ein Haus.‹ Dann packte er meinen blauen Trabant voll mit Südfrüchten und Konserven aus dem Westen und schickte mich nach Hause zu meiner Frau und unserer Neubauwohnung in Erfurt.«

Im August 1977 zog Familie Lindemann nach Jena um, erhielt 15 000 Mark »Umzugshilfe« vom Verein. »Heute nennt man das Handgeld. Ich kannte kleinere Beträge von 150 oder 300 Mark für einen Vereinswechsel, aber diese Größenordnung war mir völlig neu.« Geräuschlos ging der Wechsel allerdings nicht über die Bühne, obwohl Auswahlcoach Georg Buschner, der 2007 in Jena verstarb, dahinterstand. Auch Hans Meyer, ab 1971 Trainer-Nachfolger von Buschner beim FC Carl Zeiss Jena, hatte sich für die Verpflichtung stark gemacht. Die Erfurter erfuhren erst wenige Wochen zuvor von diesem Wechsel. Lindemann musste zur SED-Bezirksleitung, schließlich hatte er persönlich und

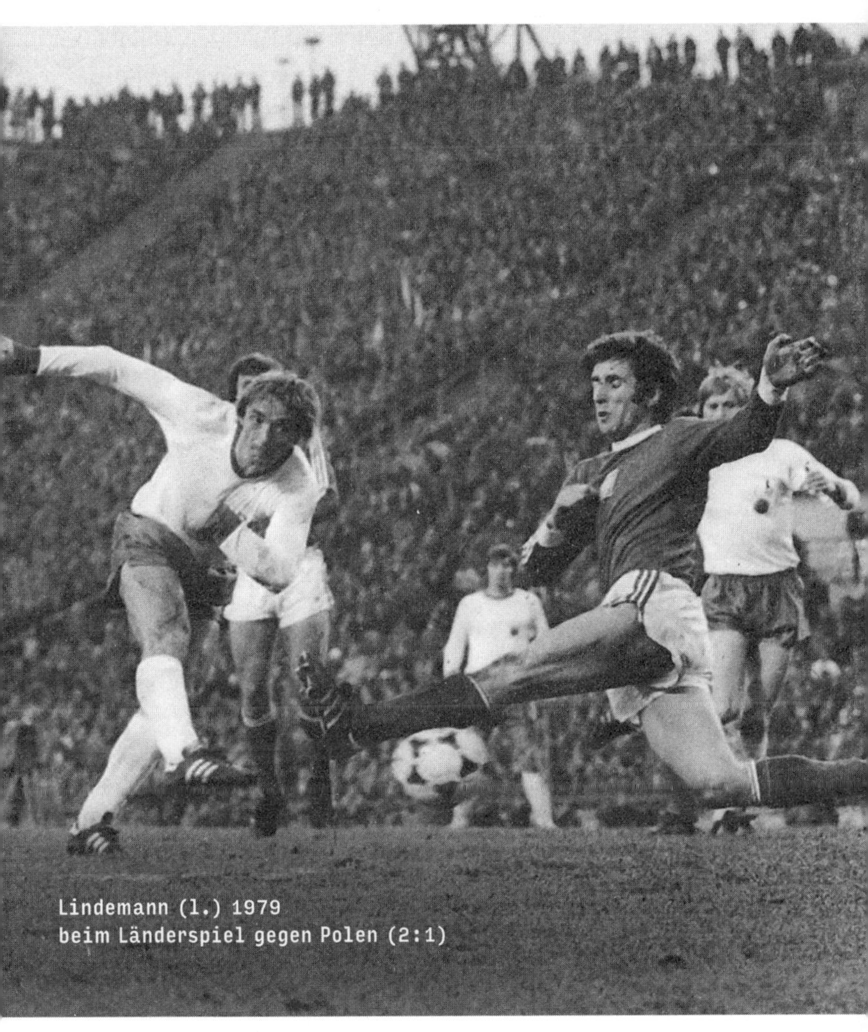
Lindemann (l.) 1979
beim Länderspiel gegen Polen (2:1)

schriftlich den Wechsel beim Verband beantragt. »Auch hier drohte die Parteileitung wieder mit einer Sperre, aber ich wusste, hinter den Kulissen würden Buschner, Meyer und Dern den Wechsel durchdrücken.«

Heute lebt er mit seiner Frau Monika wieder in der Erfurter Innenstadt. Damals, nach seinem Wechsel, undenkbar. »Wir spielten (2:1) mit Jena in Erfurt, und viele der

20 000 Zuschauer sangen: ›Gelb-Weiß-Blau – Lindemann du Sau!‹« Den Schritt hat Lutz Lindemann dennoch nie bereut – sportlich wie wirtschaftlich. Zwischen 1977 und 1981 absolvierte er 21 A-Länderspiele für die DDR, bevor er 1981 seine aktive Laufbahn beendete. Im selben Jahr hat er mit dem FC Carl Zeiss das Europacup-Endspiel der Pokalsieger gegen Dinamo Tiflis (1:2) im Düsseldorfer Rheinstadion

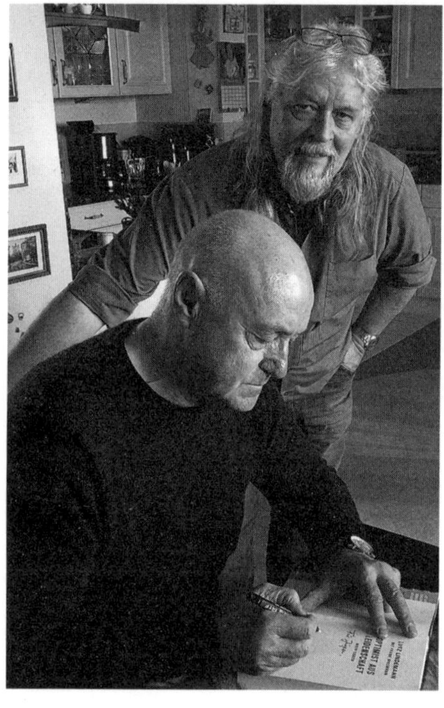

Lutz Lindemann (v.) mit Autor Jürgen Schwarz

erreicht. »Für einen Sieg hätte jeder Spieler 50 000 Mark bekommen«, erinnert sich Lindemann. Wolfgang Biermann, von 1975 bis 1989 Generaldirektor des VfB Carl Zeiss Jena, machte diese Summen möglich. Grundlage für die Europapokal-Teilnahme war der Sieg 1980 im FDGB-Pokal. Im Finale traf Jena ausgerechnet auf Erfurt. »Wir sollten 2500 Mark als Siegprämie bekommen, aber Biermann legte

5000 pro Spieler drauf.« Jena tat sich allerdings schwer, erreichte nach einem Rückstand mit Mühe die Verlängerung. »Vor Beginn der Verlängerung kam ein Bote Biermanns zu uns in die Kabine und verkündete, dass die Siegprämie von 5000 auf 10 000 Mark erhöht wurde. Wir gewannen 3:1.« Zur Sparkasse konnte Lindemann das Schwarzgeld allerdings nicht bringen, »das wäre ja aufgefallen.«

Nach 205 Oberligaspielen und 42 Toren für Erfurt und Jena sowie 21 EC-Partien (sieben Tore) für Carl Zeiss, beendete Lutz Lindemann seine Spielerkarriere verletzungsbedingt. Dem Fußball blieb er bis heute in verschiedenen Funktionen treu, war als Trainer, Manager, Geschäftsführer und Präsident bei Reihe von Vereinen tätig. Selbst im Kosovo arbeitete er zwischen 2016/17 als Trainer und Sportchef des KF Prishtina. Danach stieg er beim Mitteldeutschen Rundfunk als Experte für »Sport im Osten« ein.

Jenas zweites Angebot angenommen

Andreas Bielaus Weg aus Auerbach via Zwickau und zurück

Eigentlich kam Andreas Bielau erst ziemlich spät im höherklassigen Fußball an. Trotzdem brachte er es zum Nationalspieler und bis ins Europacup-Finale. Der am 26. August 1958 in Auerbach geborene Vogtländer spielte bis ins A-Juniorenalter von siebzehn Jahren bei seinem Heimverein Einheit (heute: VfB) Auerbach, durchlief dort alle Nachwuchsjahrgänge. Parallel war er aktiver Leichtathlet, sportlich vielseitig also, kraftvoll und schnell. »Die Balltechnik für höhere Ansprüche habe ich mir dann allerdings erst später angeeignet«, gibt er zu.

Im Zwickauer Sachsenring-Werk, der Geburtsstätte des Trabant, begann er 1975 eine Lehrausbildung zum Karosseriebauer. Dort wurden auch Verantwortliche der BSG Sachsenring auf das Talent aufmerksam und sahen Bielau für die Auerbacher spielen. Man delegierte ihn kurzerhand zum DDR-Oberligisten, wo er den Sprung ins Junioren-Oberligateam schaffte, das die Vorspiele vor der ersten Mannschaft bestritt – und avancierte auf Anhieb zum Torschützenkönig. Mit solchen Fähigkeiten lag der Weg ins Erstliga-Kollektiv der Zwickauer nahe. Doch die steile Entwicklung Bielaus wurde jäh unterbrochen: Im Herbst 1977 ereilte den Youngster der Einberufungsbefehl zur Armee, am 1. November musste er einrücken. Er kam nach Berlin, wo seine sportlichen Qualitäten erneut auffielen. So durfte er zumindest zweimal in der Woche raus aus der Kaserne, nach Strausberg fahren, wo die Armee-Elf von Vorwärts Strausberg in der drittklassigen Bezirksliga Frankfurt

(Oder) mitkickte. Beim Team der NVA-Kommandozentrale standen mit Ex-Nationalspieler Henning Frenzel, den man trotz seiner über siebzig Länderspiele für ein halbes Jahr eingezogen hatte, und Lutz Moldt zwei Leipziger Filigrantechniker in den Reihen. »Die beiden wollten mich zu Lok nach Leipzig lotsen«, erinnert sich Bielau, der wie Moldt den Grundwehrdienst von anderthalb Jahren abzuleisten hatte. »Doch ich bin sehr heimatverbunden und wollte wieder nach Zwickau«, erklärt Bielau.

Also kehrte er im Mai 1979 zur BSG Sachsenring zurück, die gerade im Oberliga-Abstiegskampf steckte. Er wurde gleich ins Team integriert und schoss im sehr wichtigen Match gegen Union Berlin zwei Tore. Das erregte Aufsehen, und so stand nach nur drei Oberligaspielen Paul Dern aus Jena auf Bielaus Matte. »Er hat bei mir zu Hause geklingelt und gefragt, ob ich Zeit für einen Spaziergang hätte, man brauche bald Ersatz für den alternden Stürmerstar Eberhard Vogel. Diese Anfrage war schmeichelhaft, aber zu diesem Zeitpunkt traute ich mir den Wechsel zu so einem Spitzenclub noch nicht zu«, erzählt Bielau. »Ein Jahr später wiederholte der FC Carl Zeiss das Angebot, da habe ich angenommen. Erstens aus sportlichen Gründen, und auch, weil es immerhin 5000 Mark Handgeld dazu gab«, bekennt er. Die Zwickauer Funktionäre seien zwar bitterböse gewesen, konnten gegen das Interesse des Topclubs aber nichts machen. »Sie haben mir aus Ärger eine schon gebuchte Bulgarienreise gestrichen. In Jena bekam ich dann als Ersatz einen Urlaubsplatz an der Ostsee«, erinnert Bielau sich schmunzelnd.

Das stillschweigend gezahlte Handgeld entsprach immerhin etwa dem halben Jahresgehalt eines durchschnittlichen DDR-Arbeiters. In Zwickau hatte Bielau ein Monatsgehalt bekommen, wie es Drei-Schicht-Arbeiter erhielten, was für einen Oberliga-Profi ganz annehmlich war. »Das bekam ich nun in Jena auch, allerdings waren die Prämien

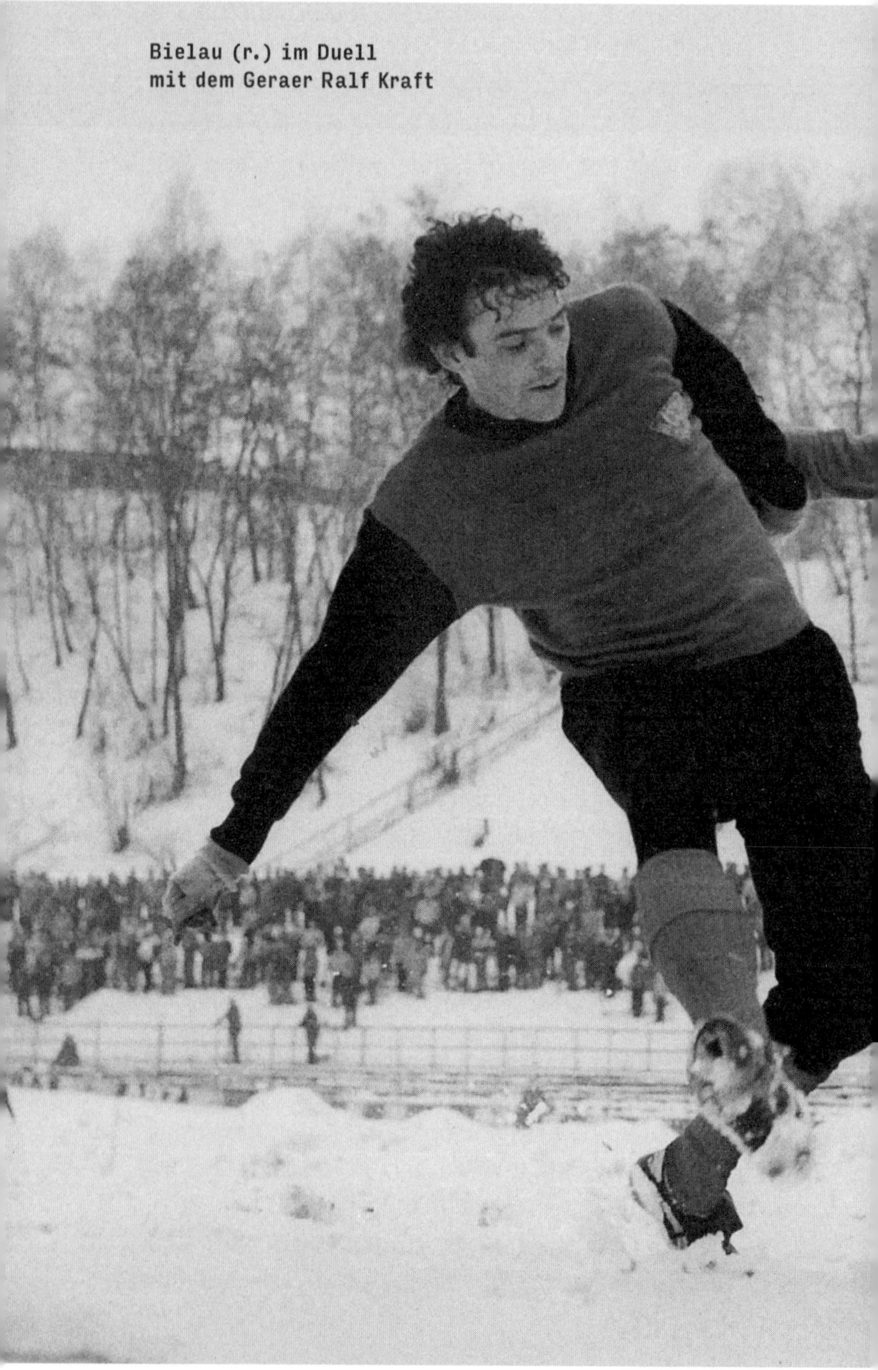

Bielau (r.) im Duell
mit dem Geraer Ralf Kraft

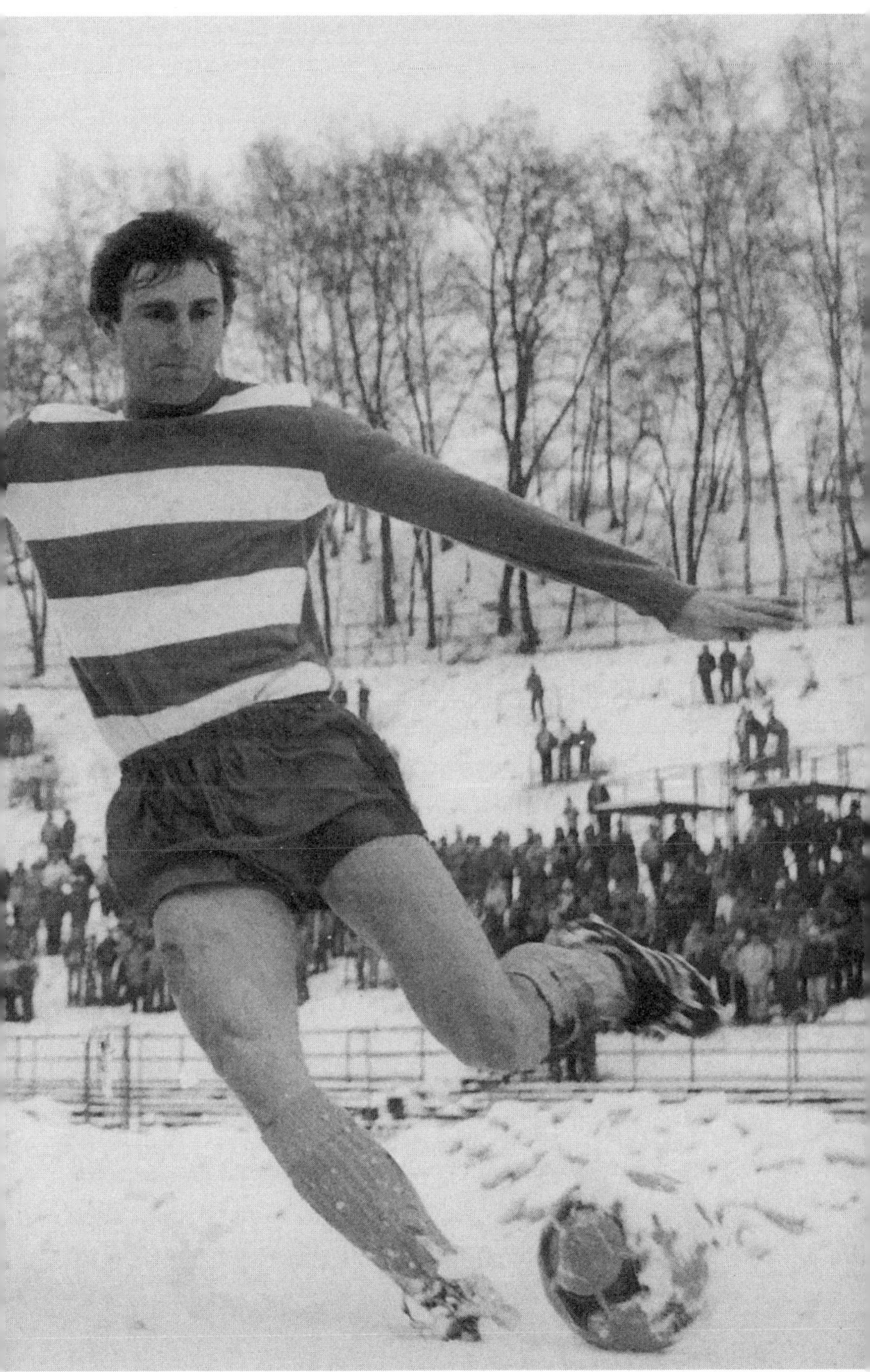

dort deutlich höher«, verrät der einstige Stürmer. Und nach vier Jahren gab es einen Lada. Nicht geschenkt, aber die Wartezeit auf das relativ schicke Auto wurde für Carl-Zeiss-Kicker erheblich verkürzt.

Zuvor standen aber wichtige Aufgaben. Die bewältigte Bielau zügig. In den ersten drei Monaten seiner Premierensaison in Jena saß er meist noch auf der Wechselbank. Der Durchbruch kam im Europapokal der Pokalsieger. Das Hinspiel der 1. Runde hatte der FC Carl Zeiss vor 80 000 Zuschauern beim AS Rom 0:3 verloren, da schrieben die meisten die Truppe um Trainer Hans Meyer schon ab. Das Rückspiel am 1. Oktober schien reine Formsache. Trotzdem füllten 16 000 Zuschauer die Ränge im Ernst-Abbe-Sportfeld – und erlebten eine Sensation. Für Bielau sollte es eine Art Startrampe werden, der Torjäger traf kurz nach seiner Einwechslung zum 3:0 und schoss die Italiener drei Minuten vor Schluss ganz aus dem Wettbewerb. Das gleiche Schicksal bereiteten die Jenaer, nun stets mit Bielau, noch dem FC Valencia, Newport County und Benfica Lissabon. Gegen die Portugiesen traf Bielau beim Heim-2:0 auch einmal. Er war überrascht, als sie ihn in der Hotel-Lobby fragten, ob er nicht nach Lissabon wechseln wolle. Doch er verwies sie – geradezu vorbildlich – an die Delegationsleitung seines Clubs und hatte bei aller Verlockung nicht vor, im Westen zu bleiben. »Das kam für mich nicht infrage«, betont der bis heute bodenständige Fußballer.

Durch die großartige Serie stand Bielau mit seinem Team im EC-Finale. Das verloren die Jenaer in Düsseldorf vor nur 5000 Zuschauern trotz Führung gegen Dinamo Tiflis allerdings 1:2. »Mindestens ebenso enttäuschend war das Desinteresse der westdeutschen Fans«, ärgert sich Bielau wie auch sein Mitspieler Rüdiger Schnuphase (im Kapitel »Jena vorsichtig, aber im richtigen Moment«). Die 5000 war dennoch eine Schlüsselzahl des Spiels. »Jeder von uns bekam für das Erreichen des Finales 5000 Mark. Überhaupt konnte ich mir für die Prämien, die ich mit Jena erspielte, das Haus kaufen, in dem ich noch heute wohne«, sagt Bielau nicht ohne Stolz. Zu den Momenten, die dabei halfen, gehört auch ein Tor im Bernabéu beim 2:3 gegen Real Madrid in der Saison 1981/82. Das Rückspiel endete dann 0:0, und Jena schied aus. Insgesamt spielte Bielau neunzehnmal im Europacup und kam auf acht Treffer.

Durch seine Leistungen für Jena wurde er auch Auswahlspieler. Am 19. April 1981 erlebte er in Udine beim 0:0 gegen Italien sein Länderspieldebüt. Am Ende sollten es neun Einsätze sein. Zum letzten Mal für die DDR stand Bielau am 16. Oktober 1985 im Hampden Park von Glasgow gegen Schottland auf dem Rasen. Auch das ein torloses Remis.

Als er 1987 nach Zwickau zurückkehrte, hatte er es für Carl Zeiss auf 164 Oberliga-Partien und 42 Tore gebracht. »Es lief in Jena sportlich nicht mehr«, begründete der damals knapp 29-Jährige den Wechsel später. »Ich hatte dann noch mal drei schöne Jahre in Zwickau.« Für Sachsenring absolvierte er fünfzig Oberliga-Einsätze, bei denen er acht Tore schoss, was seine Gesamt-Bilanz auf 214 Erstliga-Partien und genau fünfzig Treffer schraubte. Zunächst aber konnte er den Westsachsen 1987/88 mit siebzehn Toren zum Wiederaufstieg in die Oberliga verhelfen.

Ab 1990 ließ er seine Karriere in Auerbach ausklingen, wo sein Ursprungsverein, nun wieder als VfB, in der Bezirksliga spielte. Dennoch hatte er es noch mal mit Profis zu tun. Denn die rührigen Vogtländer lockten mit Geschick kurzzeitig Altstars wie Ronny Worm, Dieter Burdenski und Willy van de Kerkhof in ihre Reihen. Später wirkte Bielau als Spieler- und Co-Trainer der Auerbacher sowie als Coach in Mülsen St. Niclas, wo er heute im Sommer als Rettungsschwimmer und im Winter als Physiotherapeut arbeitet.

Erst »ausdelegiert«, dann die Karriere behindert – und doch gewonnen

Wie Dynamo Dresden mit Stürmertalent Peter Schöne umsprang

Ein Beispiel, wie rücksichtslos, ja unverschämt man im DDR-Fußball zuweilen mit jungen Fußballern umging, ist der Dresdner Peter Schöne. Der Stürmer wurde im Nachwuchs von Dynamo Dresden ausgebildet, erhielt sogar eine Berufung in die Juniorenauswahl der DDR und kam am 12. März 1977 im Spiel gegen Carl Zeiss Jena zu seinem ersten, wenn auch kurzen Oberliga-Einsatz für die Schwarz-Gelben. Es sollte der einzige bleiben, zumindest für die Dresdner. Denn sie gaben ihn noch im gleichen Jahr für den Armeedienst frei – was praktisch einer Trennung gleichkam. Offenbar glaubte man bei Dynamo nicht, dass er den Sprung in die – schon hochkarätig bestückte – Stammelf schaffen könne. »Zumindest interpretierte ich das so«, erinnert sich Schöne an diese Art Ausdelegierung. Denn wäre tatsächlich Interesse der SG Dynamo vorhanden gewesen, hätte der Spieler keinen Armeedienst verrichten müssen, er wäre stattdessen mit einem Polizeidienstgrad von Dynamos »Hauptsponsor« ausgestattet worden, um als verkappter Profifußballer bei den Dresdnern spielen zu können.

»Da ich nun wusste, dass für mich ab November 1977 der Armeedienst ansteht, nahm ich Kontakt mit Vorwärts Kamenz auf, dem Sportverein der Luftstreitkräfte unweit meiner Heimatstadt«, so Schöne. Die Kamenzer, damals als Bezirksligist um die Rückkehr in die zweitklassige DDR-

Liga bemüht, erkannten natürlich ihre Chance und holten Schöne pünktlich zum Einberufungstermin in ihren Kader. Selbst die Grundausbildung verlief für den Neunzehnjährigen glimpflich, weil man bei Vorwärts mehr Wert auf die sportlichen Qualitäten legte als auf die militärischen. Letztere dienten eher zur Tarnung der tatsächlichen Aufgaben der Armeekicker, sie sollten einfach nur gut Fußball spielen und die Nationale Volksarmee, hier speziell die Luftstreitkräfte, ordentlich repräsentieren.

Schöne tat dies in seiner dreijährigen Armeezeit mit ziemlichem Erfolg, stieg mit den auch auf den anderen Positionen recht gut besetzten Kamenzern 1979 in die DDR-Liga auf und wurde 1979/80 in Staffel D gleich Vizemeister hinter Energie Cottbus. Im Herbst 1980 ging Schönes Kamenzer Zeit zu Ende. Vorsichtshalber meldete er sich schon im Spätsommer desselben Jahres beim Bezirksleistungszentrum, seinem Ex-Verein Dynamo, und fragte, ob er zurückkommen solle oder ob er sich einen Verein suchen könne. Gerhard Prautzsch, der Trainer des Dresdner Oberligateams, lud den Stürmer zu einem einwöchigen Probetraining. »Danach sagten sie mir, dass man mich nicht braucht. Ich hatte schon zuvor Kontakt mit einigen potenziellen Kandidaten aufgenommen und war mit dem DDR-Liga-Spitzenverein Wismut Gera einig geworden, was ich Dynamo auch kundtat«, erzählt Schöne. Doch obwohl die Dresdner ihn praktisch zum zweiten Mal freigegeben hatten, sollte es anders kommen. Am 15. Oktober 1980, gut zwei Wochen vor Schönes Entlassung aus dem Armeedienst, trat der Spieler mit Vorwärts zu einem Freundschaftsspiel beim Oberligisten Lok Leipzig an und beeindruckte die Gastgeber mit einer ausgewiesen guten Leistung. Als Rechtsaußen düpierte er sogar seinen Gegenspieler, der schon etliche Länderspiele auf dem Buckel, an dem Tag aber seinen Meister gefunden hatte, ein ums andere Mal. (Dessen Name ist uns bekannt, wir wollen ihn hier jedoch rücksichtsvoll

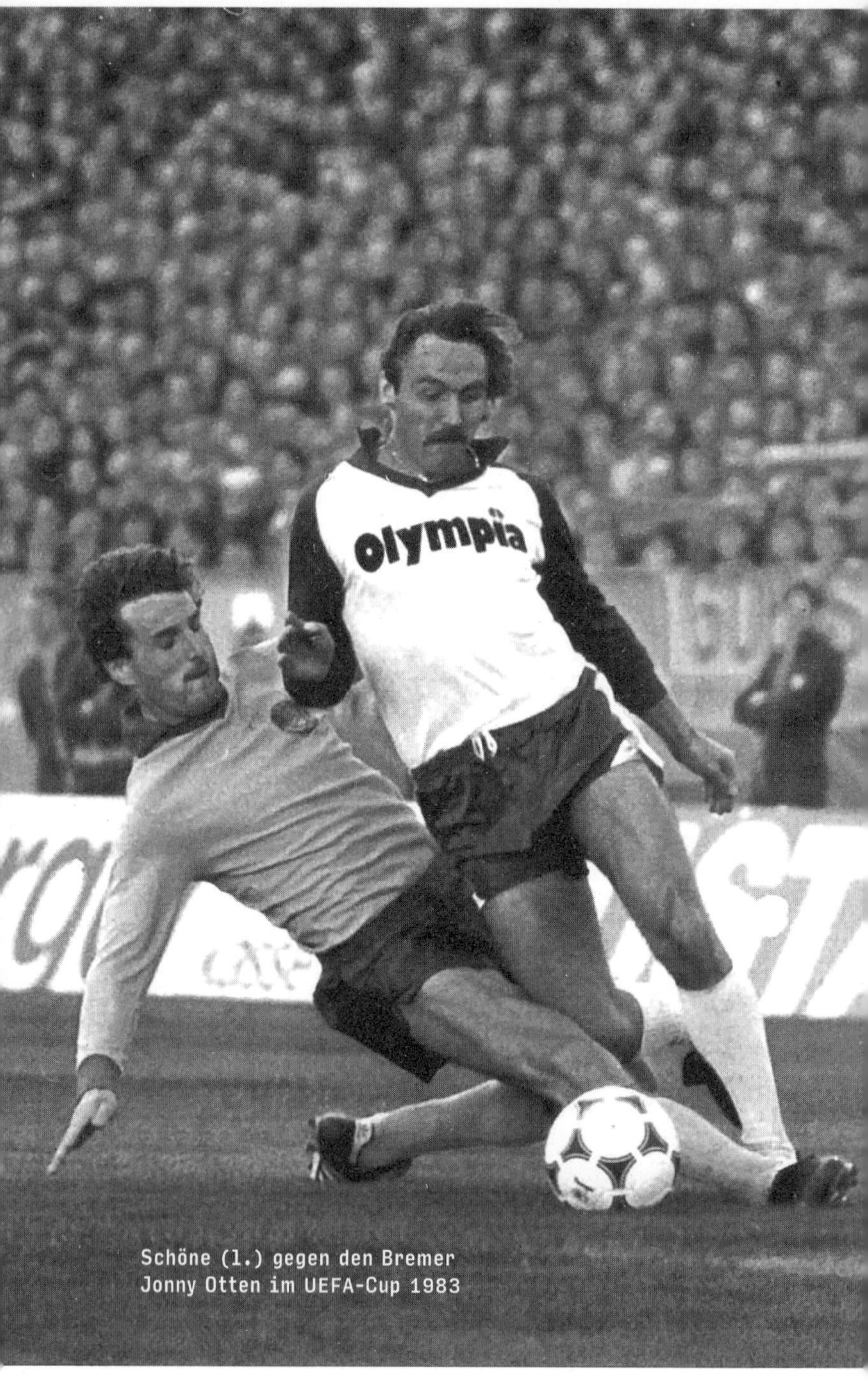

Schöne (l.) gegen den Bremer
Jonny Otten im UEFA-Cup 1983

verschweigen, er tut auch nichts zur Sache, der Verteidiger hatte wohl nicht seinen besten Tag.)

Die Lok-Verantwortlichen, allen voran Clubchef Peter Gießner sahen es staunend, waren angetan von dem noch kaum bekannten Ex-Dynamo und als sie mitbekamen, dass der stürmische junge Mann in zwei Wochen wieder in einem zivilen Club spielen kann, sprachen sie ihn umgehend an. Als Schöne sagte, dass er bei den Geraern schon im Wort stehe, bat ihn Gießner, mit der BSG Wismut zu reden, denn man habe Interesse an ihm. Schöne sprach also mit den Geraern, die sein Ansinnen verstanden und ihn wieder freigaben, um ihm nicht die Chance zu verbauen, in der höchsten Liga oder gar international zu spielen. »Wismut hat sich sehr fair verhalten«, lobt Schöne noch heute. Doch der Wechsel zu Lok war damit keineswegs klar. Denn als Dynamo Wind von der beabsichtigten Verpflichtung Schönes durch die Leipziger bekam, wollten die Dresdner plötzlich nicht, dass ihr einstiges Talent sich dem Oberliga-Konkurrenten anschloss. »Wolfgang Haustein, Dynamos Cheftrainer für den Gesamtverein, kam extra nach Kamenz, um mich einzuschüchtern. Er drohte mir: Wenn ich zu Lok gehe, werde er dafür sorgen, dass ich nie ins kapitalistische Ausland mitfahren und auch nie mehr in der DDR-Oberliga spielen darf«, schildert Schöne das unangenehme Gespräch. »Ich wandte mich deshalb Hilfe suchend an Lok-Chef Gießner, der mich beruhigte und sagte, er werde sich darum kümmern.«

Doch die Dresdner gewannen den Machtkampf hinter den Kulissen, wenngleich es nicht ganz so schlimm kam, wie angekündigt. Schöne ging unmittelbar nach seiner regulären Abmeldung aus Kamenz am 1. November 1980 wie beabsichtigt nach Leipzig, wurde aber auf Dynamos Betreiben vom Fußball-Verband der DDR für den Rest der Saison gesperrt. Obwohl er sich also vollkommen korrekt verhalten hatte, brachte man den erst 22-jährigen Kicker um acht Monate seiner Laufbahn. Schöne ging trotzdem seinen Weg, schaffte im Sommer 1981, als er wieder spielen statt nur trainieren durfte, den Sprung in die Stammelf des 1. FC Lok und lief für die Leipziger nicht nur zu 91 Oberliga-Partien (sechzehn Tore) auf, sondern bestritt auch 23 Partien im Europapokal, wobei er zweimal traf. Unter anderem spielte er dabei gegen Girondins Bordeaux, AC Mailand und Werder Bremen. Letztlich hatte er den Streit mit Dynamo also irgendwie doch gewonnen.

Nach seiner Leipziger Zeit kehrte Schöne tatsächlich in seinen alten Bezirk zurück, spielte ab Januar 1987 bis zum Sommer 1988 für Stahl Riesa, ehe er seine Karriere beim Drittligisten Fortschritt Neustadt sowie bei Einheit Kamenz ausklingen ließ. Heute lebt er wieder in Dresden, wo er eine Autowaschanlage betreibt.

Konspirativer Besuch bei Perry Bräutigam

Torwart vom FC Carl Zeiss Jena in sehr geheimer Mission kontaktiert

Perry Bräutigam, Jahrgang 1963, begann als kleiner Junge in seiner Heimatstadt Altenburg mit dem Fußballspielen. Bei der BSG Motor entwickelte er sich zu einem guten Torwart, sonst hätte sich das Leistungszentrum des Bezirkes Leipzig, zu dem Altenburg damals gehörte, nicht für ihn interessiert. So kam das Talent 1976 mit dreizehn Jahren zum 1. FC Lok.

»Ich wollte eigentlich nicht nach Leipzig, aber meine Eltern sind überzeugt worden, und man schloss einen Kompromiss: Ich musste nicht ins Internat, konnte zwei, dreimal in der Woche im Trainingszentrum bei Motor Altenburg trainieren und hatte nur die restlichen Wochentage zum Training sowie natürlich zum Spiel nach Leipzig zu fahren.« Dort spielte der junge Keeper unter anderem mit Peter Englisch in einem Team, der später den Sprung in Loks erste Elf schaffte. Doch insgesamt fühlte er sich bei den Probstheidaern nicht wohl und ging nach nur einem Jahr wieder zurück zu Motor. Mit seinem Ursprungsverein wurde er dann zweimal hintereinander Juniorenmeister der Leipziger Bezirksliga, also immerhin in der zweithöchsten Division dieser Altersklasse. Schon mit siebzehn Jahren schaffte er den Sprung ins Männerteam der Altenburger. »Dort waren Bruno Schneider und Günther Brieger meine Übungsleiter. Vor allem Brieger hat mir als ehemaliger Keeper sehr geholfen, ich habe viel bei ihm trainiert«, erinnert sich Bräutigam. Mit Motors erster Mannschaft wurde er 1981 ebenfalls Bezirksmeister und stieg direkt in die DDR-Liga auf. »Zum Auftakt gegen Chemie Böhlen hatten wir im heimischen Lenin-Stadion, heute Waldstadion, über 10 000 Zuschauer und gewannen 2:1«, berichtet er stolz. In dieser Saison 1981/82 erfreuten die Altenburger ihre zahlreichen Fans mit dem Erhalt der zweiten Liga.

Der junge Torwart glänzte nicht nur in den Punktspielen, sondern im Frühjahr 1982 auch bei einem Freundschaftsspiel gegen Rot-Weiß Erfurt, obwohl der DDR-Oberligist 2:0 gewann. »Da muss Helmut Stein, der damalige Co-Trainer von Carl Zeiss Jena, zur Beobachtung dagewesen sein.« Der Spitzenclub hatte das Talent also entdeckt und voll im Visier. Etwa zwei Wochen später spielte Motor auch gegen Oberligist Lok Leipzig, wobei Bräutigam erneut eine gute Figur machte. »Lok-Kapitän Frank Baum sagte nach dem Spiel im Vorbeigehen, aber recht klar zu mir: ›Du kommst auf alle Fälle zu uns.‹« Der Altenburger nahm das zunächst nicht sehr ernst, das Kapitel 1. FC Lok hatte er abgehakt.

»Zwei, drei Tage später stand ein älterer Herr vor meiner Wohnungstür, begleitet von einem Mann mit Kind auf dem Arm. Der ältere schob mich, damit uns keiner sehen konnte, in die Tür.« Bräutigam war einigermaßen baff. »Im Wohnzimmer fragte er, ob ich wisse, von welchem Verein er komme, ob ich mir das nicht vorstellen könne.« Da der Tormann vorher gerüchteweise, aber unbegründet schon einmal mit Chemie Böhlen in Verbindung gebracht worden war, sagte er: »Vielleicht Chemie Böhlen?« Der ältere Herr antwortete: »Bist du verrückt?! Dann deckte er das Emblem des FC Carl Zeiss auf. Da habe ich erst mal geschluckt, denn Jena war schon seit Kindertagen mein Lieblingsverein gewesen«, beschreibt Bräutigam sein Staunen.

Der Besucher stellte sich schließlich als Paul Dern vor. Der Begleiter mit dem Kind (Derns Enkel) auf dem Arm war nur zur Tarnung dabei. Dern sagte dem Keeper, dass Trainer Hans Meyer ihn haben wolle und dass er gleich mit nach

Jena zu einem Gespräch kommen könne. »Da ich freihatte, was die Jenaer offenbar wussten, ging das. Wir gingen aber erst noch zu meinem Vater, direkt auf die Arbeit. Er stimmte zu. Von seiner Schule aus, er war Lehrer, fuhren wir mit unserem Trabi hinter dem Jenaer Lada her. Im Garten von Paul Dern dauerte es eine halbe Stunde, bis Hans Meyer, direkt vom Training, kam. Mit neunzehn Jahren saß ich also plötzlich diesem Trainer gegenüber. Auf seine Frage sagte ich: ja.«

Da die Jenaer wussten, dass der Vereinswechsel schwierig werden würde, schworen sie Bräutigam ein, er solle sich erst am letzten Tag der Transferfrist im Sommer 1982 in Altenburg abmelden, damit weder Motor noch dem 1. FC Lok Einspruchszeit bliebe. »Das wollte ich den Altenburgern eigentlich nicht antun, sie sind dann erwartungsgemäß auch aus allen Wolken gefallen«, beschreibt Bräutigam seinen Zwiespalt. »Das war mir wirklich peinlich«, gesteht er noch heute. Als die Wechselabsicht ruchbar wurde, beschimpfte man ihn als Verräter und warf sogar Sachen an die Fenster seiner Erdgeschosswohnung. Selbst im offiziellen Vereinsschaukasten wurde er als Verräter gebrandmarkt.

Damit nicht genug, aus Leipzig kam FCL-Clubchef Peter Gießner in die SED-Kreisleitung nach Altenburg. »Obwohl ich ja gar nicht in der Partei war, wurde ich hinbeordert. Ich bin mit meinem Vater hingegangen.« Dort saß auch der Verantwortliche für Sport im Kreis Altenburg. »Sie haben mir erklärt, was Carl Zeiss Jena für Machenschaften treibt, wie gut hingegen Lok ist. Ich erwiderte, dass ich ja schon mal da war, mich nicht gut behandelt gefühlt hatte und sie mich jetzt doch nur wollen, weil Jena mich haben will. Da ist das Gespräch gekippt«, erinnert sich Bräutigam. »Sie drohten mir an, dass ich nie wieder Fußball spielen darf, wenn ich nach Jena gehe. Aber auf diese Drohung hatten mich die Jenaer vorbereitet.« Bräutigam wusste, dass der

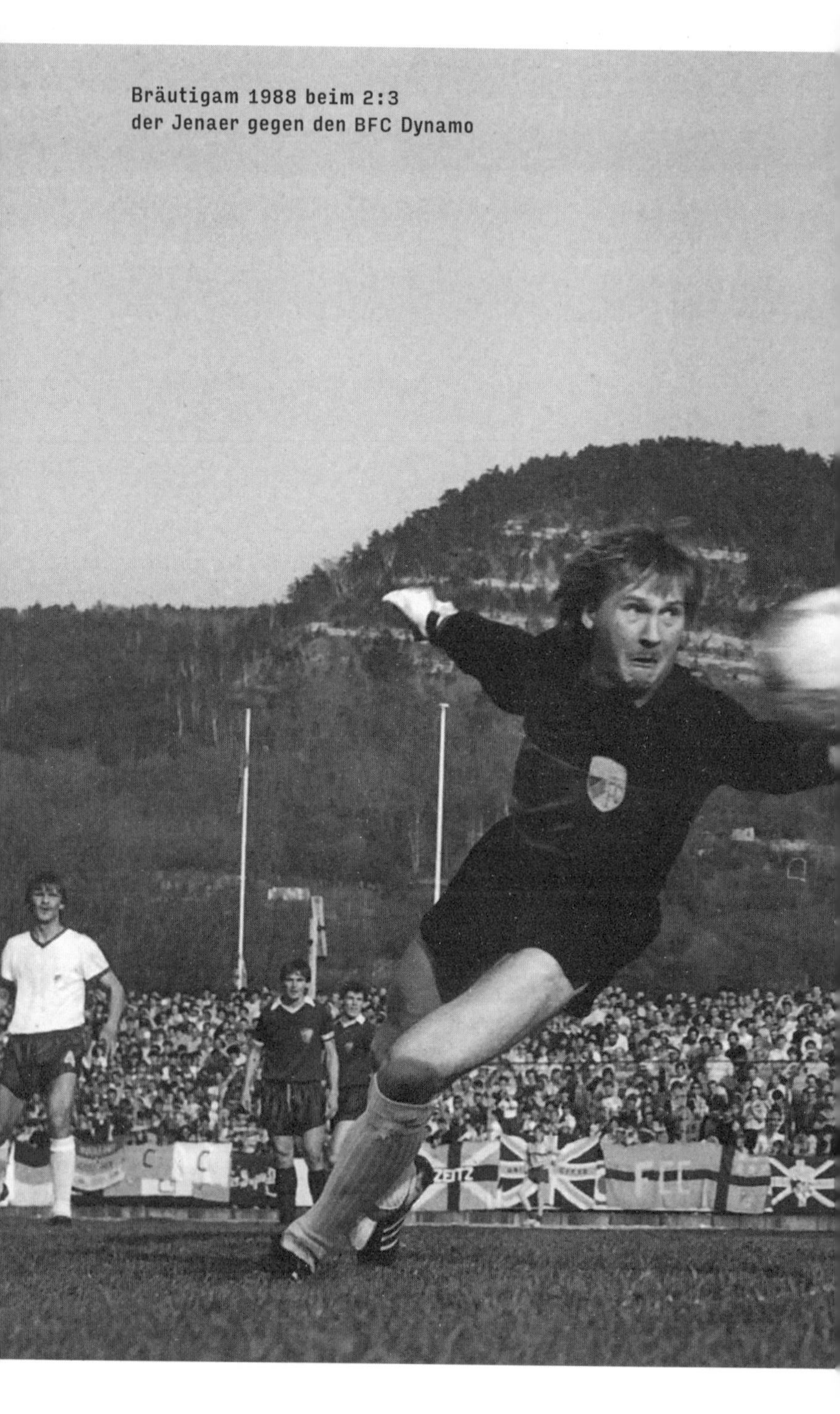

Bräutigam 1988 beim 2:3
der Jenaer gegen den BFC Dynamo

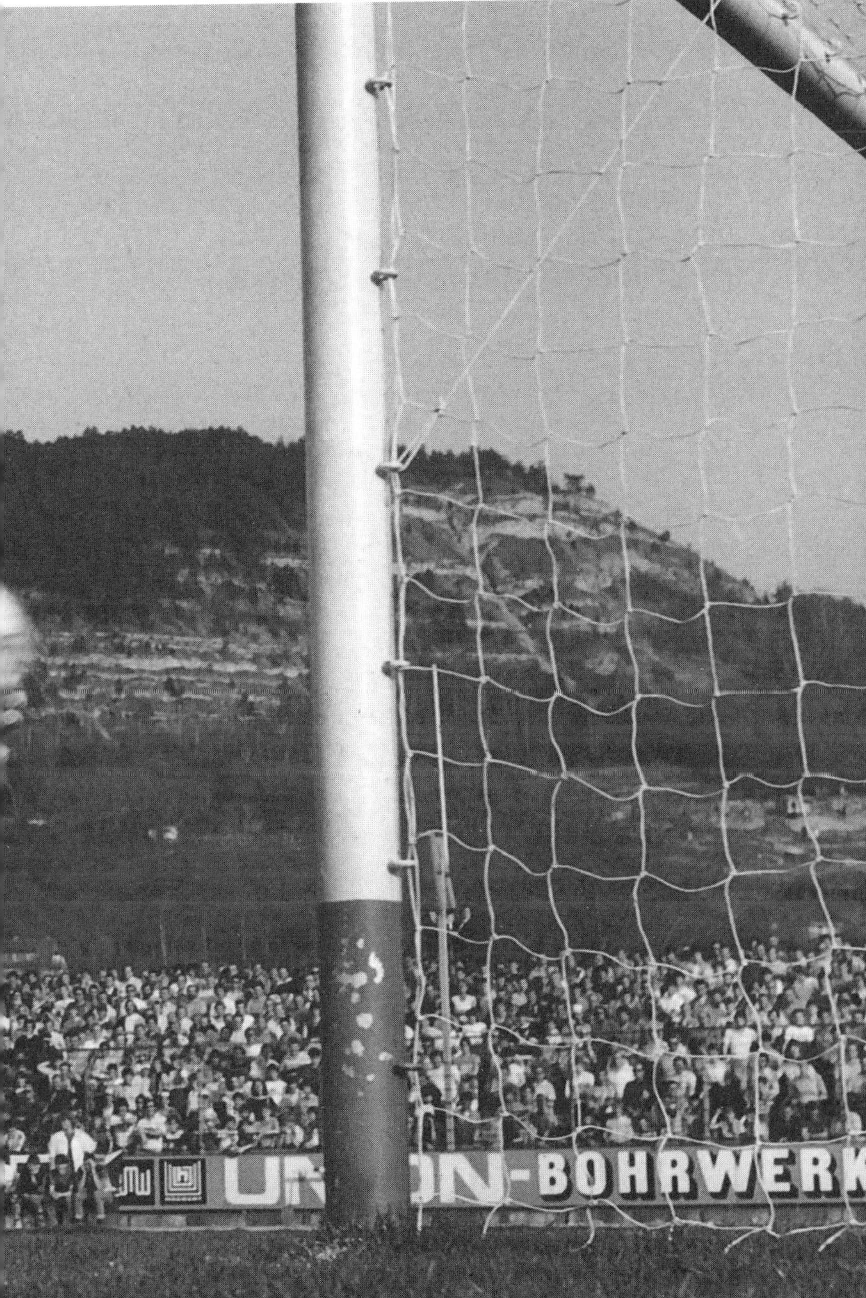
BOHRWERK

1. FC Lok über den DFV eine einjährige Sperre durchsetzen konnte, denn der Club hatte in seinem Bezirk (zu dem Altenburg gehörte) das Zugriffsrecht auf alle Talente.

Die Vertretung im Briefverkehr, der sich bei diesem Streit zwischen Lok, dem Verband, dem Deutschen Turn- und Sportbund (DTSB) und Jena nun entwickelte, übernahm im Wesentlichen Dern, der Professor an der Schiller-Universität Jena war, unter anderem die Fitnessprogramme für Meyer erarbeitete und sonst auch vieles für den FC Carl Zeiss organisierte. Der Streit endete zunächst mit einer Niederlage für Jena und Bräutigam, der tatsächlich für ein Jahr gesperrt wurde. Was dem Ganzen die Krone aufsetzte, war aber der kurz darauf eintreffende Einberufungsbefehl zur Armee für den Jungspieler.

»Obwohl mir an der Karte auffiel, dass eine Unterschrift fehlte, bin ich damit zum NVA-Wehrkreiskommando. Nach wenigen Minuten bat man mich in ein gesondertes Zimmer.« Nachdem der Einbestellte mehr als zwei Stunden gewartet hatte, kam ein Oberst herein und sagte: »Sie haben über dieses Schriftstück Stillschweigen zu wahren, sonst sehen wir uns gezwungen, andere Maßnahmen zu ergreifen.« Bräutigam wurde heimgeschickt und musste nicht einrücken. »Ich glaube, dass die NVA in Wirklichkeit mit diesem Schreiben nichts zu tun hatte«, erklärt Bräutigam. »Es war wohl eine Fälschung, was die Offiziere dort erst prüfen mussten.«

Um ihn dem Griff der Leipziger zu entziehen, wurde Bräutigam von den Jenaern zügig als wohnhaft bei einer dortigen Familie gemeldet, die er gar nicht kannte. In Wirklichkeit bezog er zunächst ein Zimmer in Derns Haus, bis er nach etwa drei Monaten eine eigene Wohnung erhielt. In Jena war er nicht mehr im Einzugsbereich der Leipziger, da die Stadt zum Bezirk Gera gehörte. »Anfangs habe ich auch noch heimlich und allein trainiert, nach knapp zwei Monaten dann aber mit der Mannschaft.« Sein Geld bekam der gelernte Auto-Mechaniker vom Carl-Zeiss-Kombinat, wo er offiziell angestellt war, ohne arbeiten zu müssen.

Ab Januar 1983 wurde Bräutigams Sperre aufgehoben. Er musste sie also nur zur Hälfte absitzen. Gewiss ein Indiz für den großen Einfluss, den der FC Carl Zeiss und sein mächtiges Trägerkombinat in der Fußballwelt der DDR ausübten. Bräutigam bestritt sein erstes Spiel für Jena im Februar 1983 in der Nachwuchs-Oberliga gegen den HFC Chemie und schaffte es auch bald ins Oberligateam, in dem er 1984 Hans-Ulrich Grapenthin als Stammtorwart ablöste und es letztlich auf 163 Einsätze in der Oberliga brachte. Ab Oktober 1989 stand er zudem für die DDR-Nationalmannschaft dreimal zwischen den Pfosten und gehörte dann am 19. Dezember als Einziger noch bei einem Ostverein aktiver Spieler zum Aufgebot der gesamtdeutschen DFB-Auswahl gegen die Schweiz (4:0), kam da allerdings nicht zum Einsatz. Mit Jena kickte er ab 1991 noch bis 1994 in der 2. Bundesliga, ehe er zum 1. FC Nürnberg und 1995 zu Hansa Rostock wechselte. Dort wurde er bis 2002 in 104 Bundesligaspielen eingesetzt und arbeitete danach bei Hansa als Torwarttrainer. Ab 2009 half er bei der Etablierung von RB Leipzig und wirkte auch dort bis 2015 als Torwartcoach. Seitdem arbeitet er als Repräsentant für RB. Er hat also bis 2009 noch ein paar Vereinswechsel vollzogen. So spannend wie der nach Jena war aber keiner wieder.

Vier Gnadengesuche abgeschmettert

Der üble Umgang mit Matthias Müller und Peter Kotte

Der sportliche Weg von Matthias Müller und Peter Kotte, bis heute eng befreundet, scheint frühzeitig geebnet. Kotte ist gerade einmal siebzehn, als Dynamo Dresden erstmals anklopft. Zwei Jahre später wechselt er von Stahl Riesa nach Dresden. Das Datum vergisst der bullige Stürmer nie. »Einen Tag nach dem spektakulären Europapokalspiel in Dresden gegen den FC Bayern München, das 3:3 endete, habe ich am 8. November 1973 meinen Vertrag unterschrieben.« Matthias Müller kam bereits im Nachwuchsbereich zu Dynamo und gehörte ebenfalls ab 1973 zum Oberliga-Kader. Zwei Delegierte, wie sie der Fußballalltag in der DDR vorsah.

Müller und Kotte feiern in Dresden Meisterschaften und Pokalsiege, spielen auf europäischer Bühne und werden Nationalspieler. Im Januar 1981 steht ein Höhepunkt an. Die DDR-Auswahl begibt sich auf eine Trainings- und Wettkampfreise nach Südamerika. Auch Müller und Kotte gehören zum Aufgebot, werden aber unmittelbar vor dem Abflug im Berliner Flughafenhotel verhaftet. Weil ihr Mitspieler Gerd Weber in den Westen zum 1. FC Köln fliehen wollte und Kotte sowie Müller davon wussten, ihren Mannschaftskameraden aber nicht verraten hatten. Es sollte das Ende ihrer leistungssportlichen Laufbahn bedeuten.

Bis 2000 kämpfte »Lotte« Müller um sein Recht. Die Leute, die damals mit seiner Verhaftung zu tun hatten, kennt er mit Namen und Adresse. Jahre nach der politischen Wende, 1997, erhielt er Post von der Staatsanwaltschaft in Berlin.

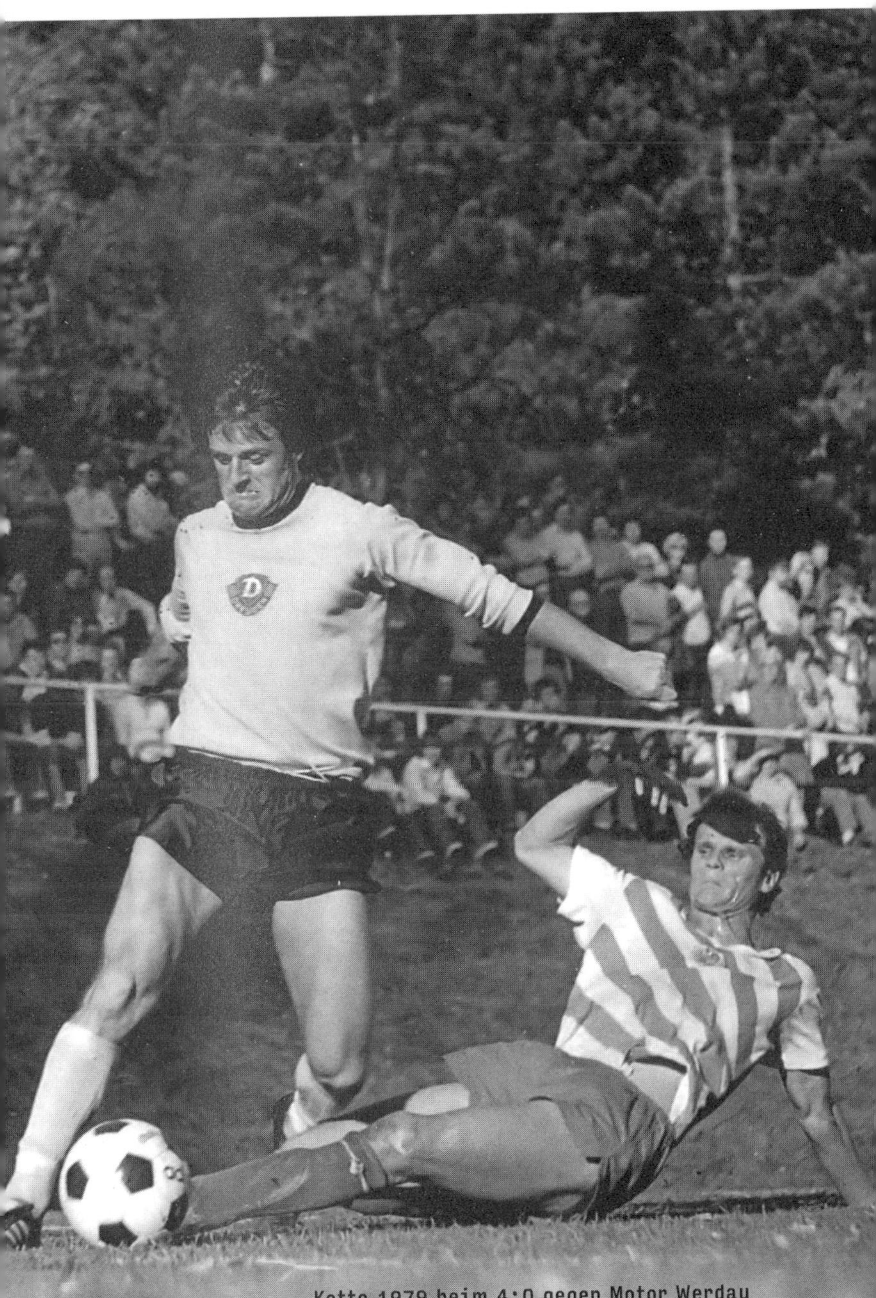

Kotte 1979 beim 4:0 gegen Motor Werdau

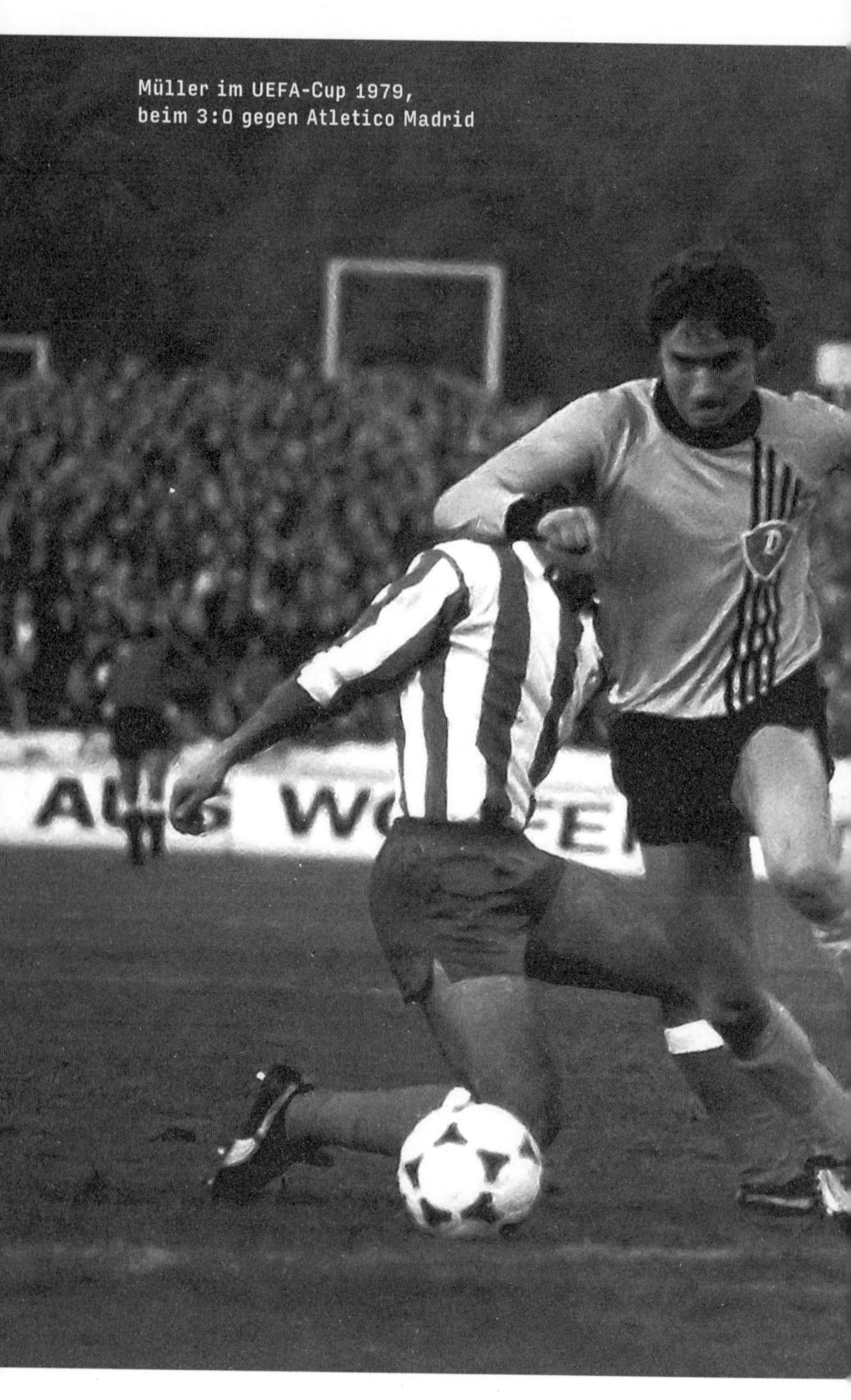

Müller im UEFA-Cup 1979,
beim 3:0 gegen Atletico Madrid

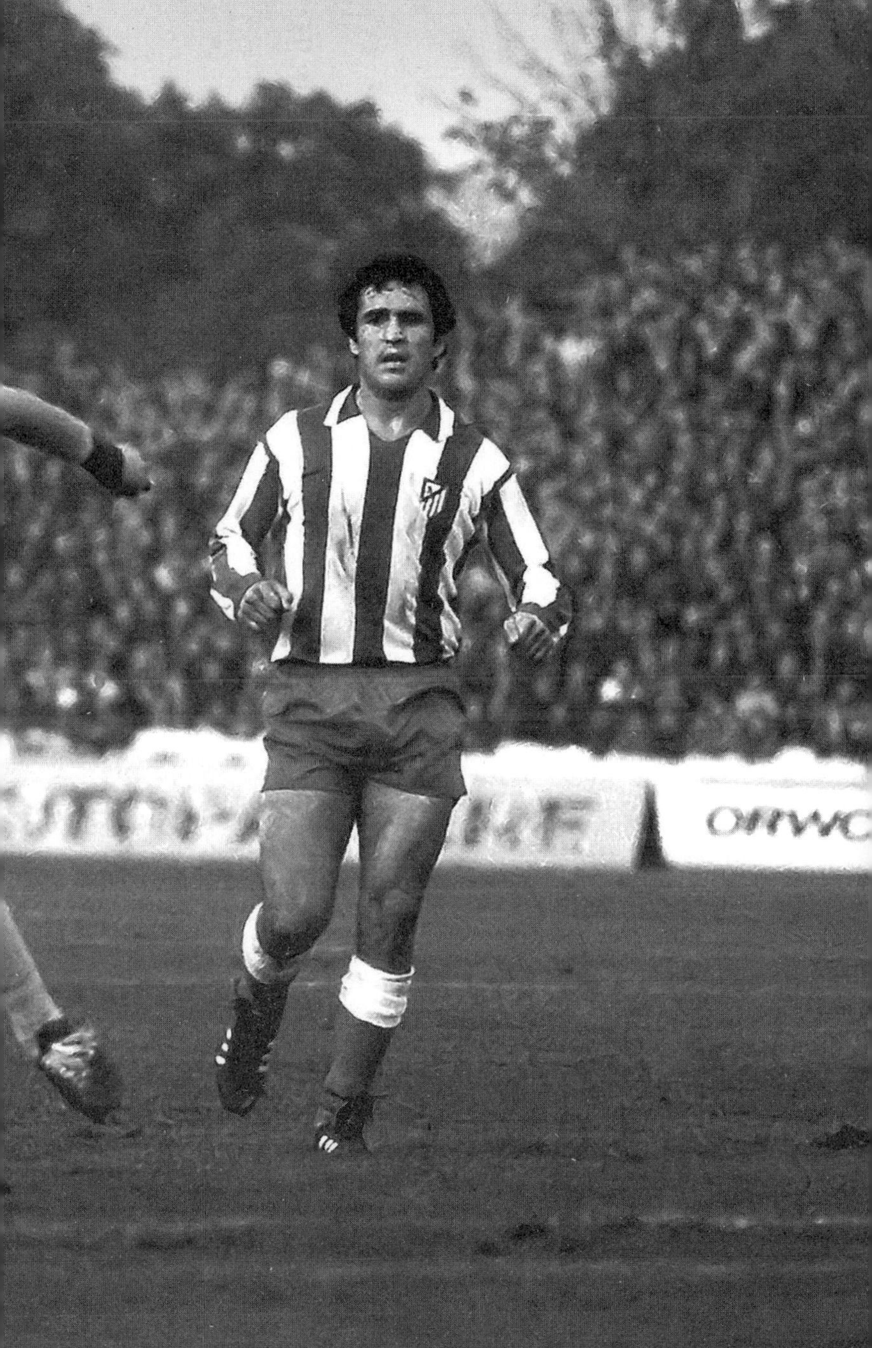

»Dort waren unsere Namen bei Ermittlungen aufgetaucht.« Am 10. Februar 1997 stellte Müller Strafanzeige gegen drei bereits erfasste Personen. Unter dem Aktenzeichen 30 Js 450/97 liefen die Ermittlungen mehr als drei Jahre, dann wurde das Verfahren eingestellt. Müller erhielt die Bestätigung, dass die Inhaftierung 1981 ohne Rechtsgrund erfolgte. Nach den Aussagen seiner ehemaligen Mitspieler Hans-Jürgen Kreische und Hans-Jürgen Dörner, des damaligen Auswahltrainers Georg Buschner sowie des ehemaligen Dynamo-Vorsitzenden Horst Rohne »konnte der Geschehensablauf nachvollzogen werden«, aber es war der Staatsanwaltschaft nicht möglich, den Urheber der Maßnahme zu benennen. »Letztlich ist nicht auszuschließen, dass die Anweisung, Sie und Ihre Kollegen unter Arrest zu stellen, direkt von der Leitung des Ministeriums für Staatssicherheit und damit von Erich Mielke herrührt«, heißt es im Schreiben der Staatsanwaltschaft. »Natürlich passte diese Sache 1981 in Mielkes Konzept. Er war der große Gönner und Unterstützer des BFC Dynamo. Mit dem Ausschluss von Kotte, Weber und mir wurde Dynamo Dresden erheblich geschwächt und der Weg für den BFC Dynamo an die Spitze viel einfacher«, meint Müller, der nach der Freilassung aus der Untersuchungshaft sein Sportlehrer-Studium umgehend unterbrechen musste, weil ihn die Einberufung zur Armee ereilte. Da man ihm lediglich vorwarf, Webers Fluchtversuch nicht gemeldet zu haben, durfte er später sein Studium fortsetzen.

»Danach habe ich versucht, eine Anstellung als Sportlehrer zu finden, nebenbei Fußball zu spielen und als Trainer zu arbeiten.« Das gelang ihm in Meißen, Neustadt, Senftenberg, Dresden und Elsterwerda. Seine Hoffnungen aber, wieder höherklassig spielen zu können, blieben vergeblich. Vier Gnadengesuche von 1981 bis 1984 an den DTSB und den Fußball-Verband wurden abgelehnt. »Die Trainer Klaus Sammer, Dieter Riedel und Uli Thomale haben sich sehr für uns eingesetzt und damit einiges riskiert. Es half nichts.«

Peter Kotte hatte Frau und Kind, der Hochzeitstermin im Sommer 1981 stand fest. »Ich habe mich in Dresden sehr wohlgefühlt. Privat und sportlich war alles bestens. Es gab für mich nichts Schöneres, als Fußball bei Dynamo zu spielen. Abhauen kam damals gar nicht infrage.« Umso schlimmer traf ihn die Ausgrenzung nach der Verhaftung. Aber auch in der verordneten Drittklassigkeit lieferte er ehrliche Arbeit ab. Als er mit Fortschritt Neustadt den Aufstieg in die zweitklassige DDR-Liga schaffte, durfte er nicht mit nach oben. Auf einem Mannschaftsfoto des Aufstiegsteams im *Deutschen Sportecho* wurde Kottes Kopf wegretuschiert. Nach einem offenen Sprunggelenkbruch 1984 blieb der Knöchel steif – das endgültige Aus für den Fußballer. Ihren Frieden mit Dynamo haben Müller und Kotte längst geschlossen, obwohl sie damals sogar Stadionverbot erhielten und Lotte in seiner Stasi-Akte acht ehemalige Mitspieler namentlich aufgelistet vorfand. Selbst nach seinem 65. Geburtstag war Müller noch für die Traditionsmannschaft am Ball und kehrte 2019 als Nachwuchscoach zu Dynamo zurück.

Neben der sportlichen Perspektive locken eine Wohnung und ein Dacia

Der lange Weg von Hans-Uwe Pilz nach Dresden

Der in Hohenstein-Ernstthal geborene Hans-Uwe Pilz war einer der technisch begnadetsten Fußballer aus dem Osten. Zweimal wurde er mit Dynamo Dresden DDR-Meister, viermal Pokalsieger. Später spielte er mit den Schwarz-Gelben in der Bundesliga und für den FSV Zwickau in der 2. Liga. Schon in jungen Jahren war »Champi« begehrt, der Weg zum Nationalspieler eigentlich über den FC Karl-Marx-Stadt vorgezeichnet. »Eine verfahrene Kiste«, erinnert sich Pilz, »denn ich wollte nicht nach Karl-Marx-Stadt, weil die mich im Alter von vierzehn Jahren aufgrund meiner Westverwandtschaft abgelehnt hatten.« Nach seinem Debüt bei Sachsenring Zwickau drei Jahre später meldeten die Karl-Marx-Städter dann doch ihr Interesse an, »aber ich lehnte ab, und prompt erhielt ich die Einberufung zur Armee«.

Ab Januar 1982 spielte Pilz in Dresden, wurde mit Dynamo zweimal Meister und viermal Pokalsieger. Trainer Gerhard Prautzsch suchte nach Verstärkungen, auch weil die Nationalspieler Weber, Müller und Kotte inzwischen aus dem Verein ausgeschlossen worden waren. »Bereits im Sommer gab der DDR-Fußball-Verband sein Okay, obwohl Zwickau und Karl-Marx-Stadt alle Hebel in Bewegung gesetzt hatten, den Wechsel zu verhindern. Dynamo konnte mir aber keine Wohnung besorgen, ich sollte mit meiner Familie im Internat wohnen. Das habe ich abgelehnt und bin zurück nach Zwickau, denn dort hatten wir ja eine schöne Wohnung.« Ein paar Monate später kam dann die Wohnungszusage aus Dresden, die eine Voraussetzung für den Umzug in die Elbestadt war. Gottfried Matthes, von Prautzsch auf Champi Pilz angesetzt, erinnerte sich später an den Coup: »Ich musste auch seine Frau Cornelia überzeugen, die zu dieser Zeit im elterlichen Geschäft aushalf. Zudem konnte Hans-Uwe Pilz seinen Trabi schnell gegen einen neuen Dacia umtauschen. Dann gab es noch einen Arbeitsplatz für die Frau und einen Kindergartenplatz.«

Für Pilz zahlte sich der Wechsel in jeder Beziehung aus. »Wir sind damals in einer Nacht- und Nebelaktion aus Zwickau weg und zogen auf der Räcknitzhöhe in einen Neubaublock. Dort wohnten wir ein halbes Jahr allein, weil die Wohnungen offiziell noch gar nicht übergeben worden waren. Dynamo hatte eine Sondergenehmigung besorgt. Pilz spielte bis zum Bundesliga-Abstieg 1995 für Dresden, unterbrochen von einem kurzen Gastspiel bei Fortuna Köln. Am Ende kehrte er nach Zwickau zurück. Die Fans in Zwickau verziehen dem Dribbler, der bis zu seinem 38. Geburtstag noch am Ball blieb und später als Cheftrainer bei den Westsachsen wirkte.

Für Dynamo Dresden hatte Pilz 299 Punktspiele (35 Tore), davon 107 in der Bundesliga bestritten. In 25 Europapokalpartien traf er sechsmal ins Schwarze. Die Olympischen Spiele 1984 in Los Angeles verpasste er aufgrund des Boykotts der sozialistischen Staaten. »Als Ersatz schenkte uns der Verband einen zweiwöchigen Familienurlaub in Bulgarien.« In der DDR-Nationalmannschaft kam der Hohenstein-Ernstthaler 35-mal zum Einsatz. Seine Karriere dort war eher durchwachsen. Nur selten konnte er an die Leistungen anknüpfen, die er beim Verein zeigte. »Ich wurde in der Auswahl nie richtig heimisch«, blickt er zurück. »Mit meiner Art, offen meine Meinung kundzutun, kam ich nicht unbedingt gut an.« Im September 1982 hatte er beim 1:0 gegen Island in Reykjavik sein Debüt gefeiert, knapp fünf Jahre später bestritt er sein letztes Länderspiel. Die DDR verlor in der WM-Qualifikation in Magdeburg

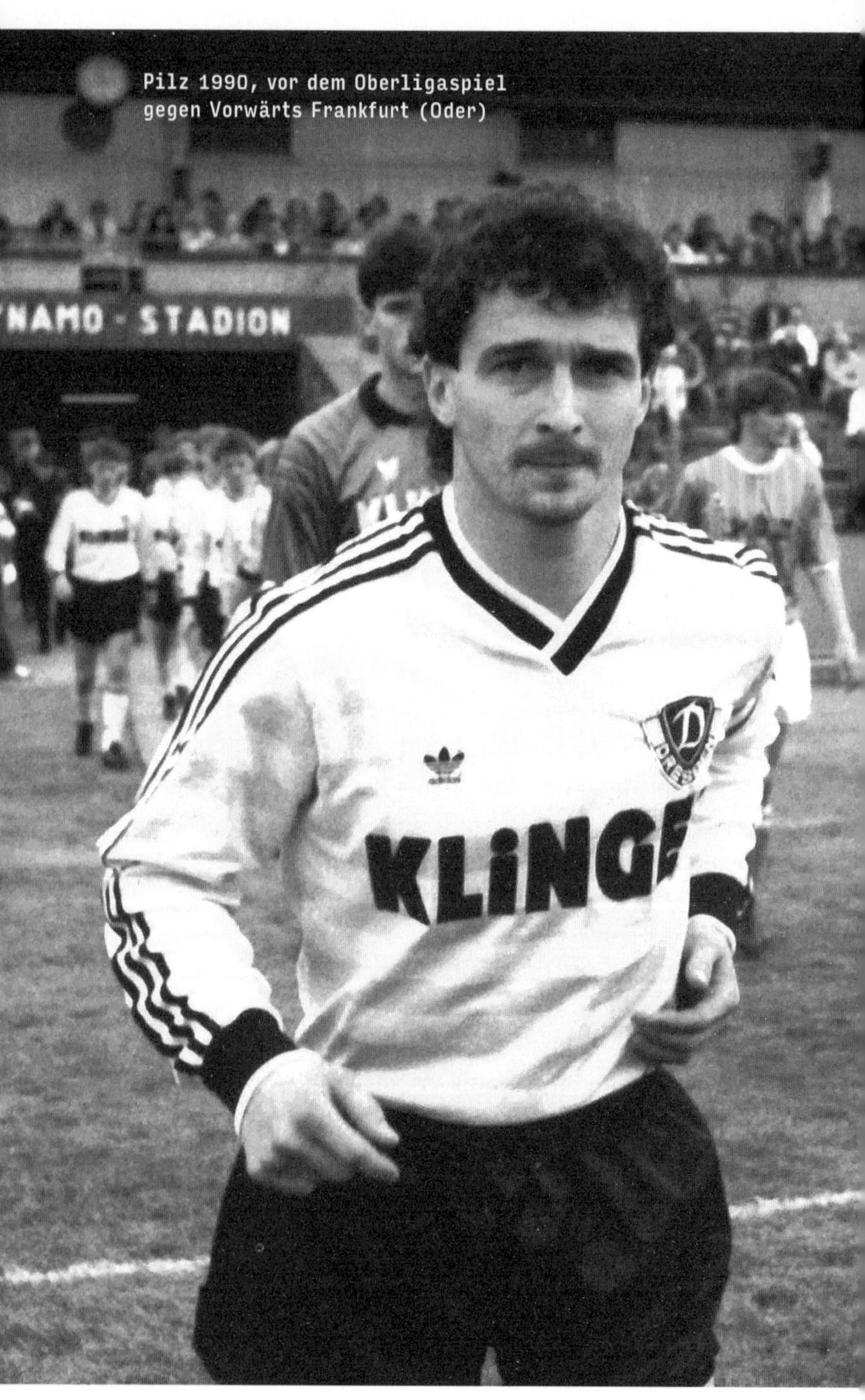

Pilz 1990, vor dem Oberligaspiel gegen Vorwärts Frankfurt (Oder)

gegen die Türkei mit 0:2. Hans-Uwe Pilz musste schon nach neunzehn Minuten vom Platz. Diagnose: Mittelfußbruch. Eine Woche später lief er allerdings in Dresden für Dynamo im UEFA-Cup-Halbfinale gegen den VfB Stuttgart (0:1, 1:1) auf. »Die Verbandsfunktionäre waren natürlich sauer, denn sie dachten, ich hätte diese schwere Verletzung nur vorgetäuscht. Aber der Fuß war tatsächlich gebrochen.« Vereinsarzt Wolfgang Klein hatte dem Spielmacher, der nicht gleichwertig zu ersetzen war, fünf Spritzen verpasst. »Ich wollte unbedingt mit Dynamo ins Finale und dort gegen Neapel und Maradona spielen. Ich habe keine Schmerzen gespürt, aber am nächsten Tag ging gar nichts mehr.«

Bis heute arbeitet Hans-Uwe Pilz als Sportlehrer an einem Berufsschulzentrum in Plauen. Aus dem Fußballgeschäft zog er sich 1999 zurück. »Eine Entscheidung, die ich innerhalb weniger Minuten getroffen habe, nachdem der FSV Zwickau in die Insolvenz ging und ich als Trainer entlassen wurde«, blickt er zurück. »Begründet wurde das nicht, und ich habe zu meiner Frau gesagt: Wenn ich weiterhin im Fußball unterwegs bin, wird es immer wieder solche Situationen geben – aber darauf hatte ich keine Lust. Deshalb traf ich damals die Entscheidung, nie wieder etwas im Fußballbereich zu machen.«

»Liebe« delegiert sich nach Dresden

Frank Lieberam nutzt Stahl Riesa als Sprungbrett zu Dynamo

Die Suche eines Nachfolgers für Hans-Jürgen Dörner bei Dynamo Dresden gestaltete sich schwierig. Der Libero war schon zu Lebzeiten eine Legende. Bei Stahl Riesa trainierte derweil, in der Saison 1985/86, ein ehemaliger Mitspieler Dörners: Siggi Gumz. In dessen Kader stand Frank Lieberam, der vom 1. FC Magdeburg gekommen war, um bei Stahl Spielpraxis zu sammeln. Spätestens nach einem Jahr hätte »Liebe« zum FCM zurückgemusst, aber er erhielt ein Angebot von Dynamo. »Lange überlegen musste ich da nicht«, sagt Lieberam heute.

Der gebürtige Halberstädter hatte bis 1985 für den 1. FC Magdeburg gespielt, »aber ich kam dort nicht weiter. Da waren Nationalspieler wie Detlef Schößler, Dirk Stahmann, Heiko Bonan oder Wolfgang Steinbach vor mir.« Lieberam rief Gumz an, und der Stahl-Coach lud ihn zum Probetraining ein. »Ich habe mich in den Zug gesetzt und bin nach Riesa gefahren. Schon während der Übungseinheiten kam der Trainer zu mir und sagte, er will mich haben.« Die Verantwortlichen in Magdeburg waren logischerweise wenig begeistert. »Die sind auf die Barrikaden gegangen. Sie hatten Siggi Gumz zuvor angerufen, er soll mit mir eine Tasse Kaffee trinken und mich dann wieder nach Magdeburg zurückschicken.« Aber Lieberam blieb in Riesa, spielte eine Halbserie Libero und die Rückrunde im zentralen Mittelfeld. In den beiden Duellen gegen Magdeburg lief er zu Höchstform auf. »Wir schlugen sie zu Hause 1:0, und in Magdeburg spielten wir 1:1. Das ging runter wie Öl.«

»Ich hatte ein sehr gutes Jahr in Riesa und gehörte zum Kader der Olympia-Auswahl. Trainer Klaus Sammer kontaktierte mich und machte mir den Wechsel zu Dynamo Dresden schnell schmackhaft. Riesa wurde sozusagen mein Sprungbrett.« Obwohl Lieberam nur eine Saison bei Stahl spielte, war es eine der wichtigsten Stationen seiner Laufbahn. Gegen eine Rückkehr nach Magdeburg wehrte er sich vehement. »Ich wollte unbedingt zu Dynamo, denn das war für mich der Verein, bei dem man spielen musste. Mich reizten die fußballverrückte Stadt und die Atmosphäre im Stadion, zudem haben mich die Europapokalspiele fasziniert. Deshalb hab ich alles versucht, nicht zurück nach Magdeburg gehen zu müssen.«

Der Wechsel nach Dresden stand fest, obwohl dort mittlerweile Eduard Geyer auf der Trainerbank saß. »Geplant war eigentlich, dass ich bei Dynamo weiter aufgebaut und eventuell mal der Nachfolger von Dixie Dörner auf der Liberoposition werde. Zunächst sollte ich eine Position im Mittelfeld bespielen, so war es zumindest mit Klaus Sammer abgesprochen.« Doch Ede Geyer wollte einen zügigen Umbruch. Er plante sofort mit Lieberam als Nachfolger für den 100-fachen DDR-Nationalspieler. »Ich hatte gewaltigen Respekt vor der neuen Aufgabe, schließlich ist Dixie einer der größten Spieler, die die DDR je hervorgebracht hat. Mir war schon klar, dass das eine schwere Hypothek würde, aber ich wollte unbedingt in dieser spielstarken Mannschaft kicken und hatte genug Selbstbewusstsein, um die Aufgabe energisch anzugehen«, blickt Lieberam zurück.

In der Saison 1988/89 feierte er die größten Erfolge seiner Laufbahn. »Wir wurden DDR-Meister und zogen im UEFA-Cup bis ins Halbfinale ein. Das torlose Unentschieden in Aberdeen und der 2:0-Sieg beim AS Rom sind für mich unvergesslich. Leider waren wir dann im Halbfinale gegen den VfB Stuttgart nicht mehr in Bestform.« Und so konnte sich Lieberam nach dem 0:1 im Hinspiel in Stuttgart auch über sein 1:1-Ausgleichstor im Rückspiel gegen die Schwaben »nicht richtig freuen«, nachdem er neun der zehn EC-Spiele für Dynamo absolviert hatte. »Uns fehlten damals beim Rückspiel in Dresden Matthias Döschner und Ulf Kirsten. Das machte sich auf diesem hohen Niveau in einer Partie auf Messers Schneide sofort bemerkbar. Wir konnten diese Ausfälle nicht kompensieren. Der Traum vom Finale gegen den SSC Neapel mit Diego Maradona war dadurch leider geplatzt.«

Zwischen 1986 und 1991 absolvierte Frank Lieberam 123 Punkt- und neunzehn Europapokalspiele für die Dresdner, wurde zweimal Meister und einmal Pokalsieger. In der Bundesliga kam er allerdings nur noch auf fünf Einsätze, wechselte schon in der Winterpause 1991/92 nach Südkorea. Der ehemalige Bundesligaspieler Bum-kun Cha war Trainer bei Ulsan Hyundai Tigers und wollte unbedingt einen deutschen Abwehrspieler. Mit Frau Lydia und den Kindern flog Lieberam nach Ulsan und erlebte »eine fantastische Zeit«. Nach der Rückkehr nach Deutschland schaffte er mit dem VfL Wolfsburg 1995 den Einzug ins DFB-Pokalendspiel. »Wir verloren zwar gegen Mönchengladbach 0:3, aber es war trotzdem einer meiner größten Erfolge. Schließlich hatten wir uns als Zweitligist bis ins Berliner Olympiastadion gekämpft.«

Seine Laufbahn ließ Frank Lieberam in Magdeburg ausklingen, bejubelte im Alter von 35 Jahren noch den Aufstieg des FCM in die Regionalliga. »1997 bin ich dann ins Trainergeschäft gewechselt, war fast zehn Jahre mit großer Leidenschaft dabei, unter anderem fünf Jahre in meiner Heimat Halberstadt sowie als Nachfolger von Ralf Minge in Aue. Später war ich auch Trainer beim 1. FC Union Berlin und fand so meinen Lebensmittelpunkt in Köpenick.« Heute arbeitet Frank Lieberam als Spielerberater.

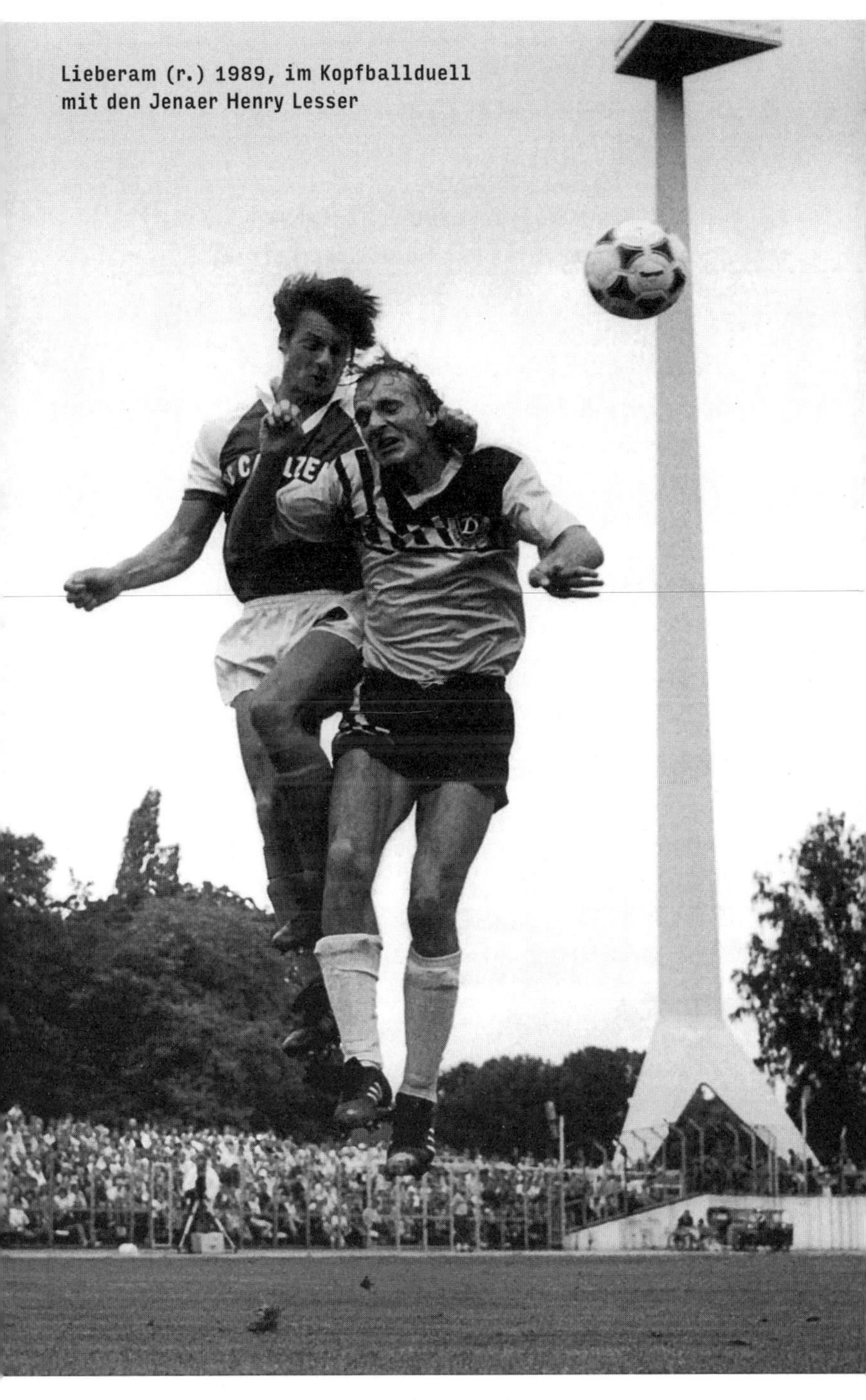

Lieberam (r.) 1989, im Kopfballduell mit den Jenaer Henry Lesser

Das Wechselziel zwangsweise gewechselt

Plötzliches Interesse von Lok Leipzig am Chemie-Stürmer Hans-Jörg Leitzke

Hans-Jörg Leitzke war ein Stürmer mit Ecken und Kanten und dennoch technisch beschlagen. Er passte somit ziemlich genau ins Anforderungsprofil von Chemie Leipzig, wo er auch seine fußballerische Ausbildung erhielt. Wenn sein Chemie-Team 1985 nicht zum wiederholten Mal aus der DDR-Oberliga abgestiegen wäre, hätte er den populären Verein aus Leipzig-Leutzsch wahrscheinlich nie verlassen. Aber mit 24 Jahren wollte er gern weiter in der ersten Liga spielen, und Angebote dazu gab es gleich mehrere. »Als sich abzeichnete, dass wir in dem Jahr wohl sang- und klanglos absteigen würden, stand eines Tages ein Herr in schneeweißem Anzug vor meiner Wohnungstür und stellte sich als Vertreter, also eine Art Spielerberater, von Stahl Brandenburg vor«, erinnert sich »Hansi«, wie ihn die Leipziger Fans bis heute nennen. »Er fragte, ob er mit mir über Fußball reden könne.« Auch der FC Carl Zeiss Jena und Wismut Aue bekundeten Interesse, Chemies Stadtrivale Lok, der von Leitzkes Qualitäten natürlich wusste, indes bis dahin nicht. »Ich hatte mich schon auf Wismut festgelegt, weil mir das Angebot aus Aue vom Umfeld her und wie die Leute mit mir umgingen, am besten gefiel. Außerdem kannte ich aus der Olympia-Auswahl Harald Mothes, der ein klasse Typ war«, erklärt Leitzke seinen Entschluss.

Aues Interesse am Leipziger Stürmer rührte nicht zuletzt von Uli Thomale, der die Wismut-Elf seit 1981 recht erfolgreich coachte. Doch ausgerechnet als Leitzke nach

Aue kommen wollte, nahm Thomale ein Angebot des 1. FC Lok Leipzig an. »Ich war aber schon in Aue, trainierte dort bereits zwei Wochen«, so Leitzke. Mannschaftsfotos wurden mit und ohne ihn gemacht. Unterdessen braute sich über dem Wechselwilligen jedoch etwas zusammen. Lok wollte Leitzke nicht aus dem Bezirk Leipzig ziehen lassen, hatte ja als Leistungszentrum der Messestadt Zugriffsrecht auf Talente auch vom Nachbarn Chemie. Leitzke vermutet bis heute, dass Thomale ihn durch seinen eigenen Wechsel nun bei Lok haben wollte. »Lok hatte bis dahin kein Interesse an mir«, glaubt Hansi.

Durch Loks Veto zu dem Transfer wurde Leitzke mit einem Auer Vertreter in die Zentrale des DFV nach Berlin zur Aussprache geladen. »Ich sagte, dass bei Lok viele Auswahlspieler seien und ich mir deshalb in Aue mehr Einsätze erhoffe. Außerdem schien mir ein Wechsel von BSG zu BSG plausibler, irgendwie passender.«

Besonders viel Wert maßen die Verbandsfunktionäre der Meinung des Spielers selbst, wie üblich, nicht bei. Sie drohten ihm. »Sinngemäß sagte man mir, die Oberliga gehe auch ohne mich weiter, wenn ich mich binnen einer bestimmten Frist nicht für Lok entscheide.« Mit diesem Gesprächsergebnis im Gepäck reiste das Duo wieder nach Aue. »Wo mir der stellvertretende Fußball-Sektionsleiter fair sagte: Geh nach Leipzig, und wenn du es dort nicht schaffst, kannst du immer noch zu uns kommen.«

Bei Lok sei er die erste Zeit etwas auf Konfrontation gegangen. Anfangs bekam er zudem Einzeltraining von Co-Trainer Gunter Böhme, weil sich die Mannschaft bereits in Schweden im Trainingslager befand. »Böhme machte mir Mut, ich solle es probieren.« Und bald entwickelte sich Leitzke auch bei Lok zum Stammspieler, kickte beim Spitzenteam vier Jahre in der Oberliga. Mit den Spielen für Chemie kam er auf insgesamt 133 Oberliga-Einsätze, bei denen er 25 Tore schoss. fünfzehnmal lief er im Europacup

Leitzke 1991, im Oberligaspiel gegen den Chemnitzer FC

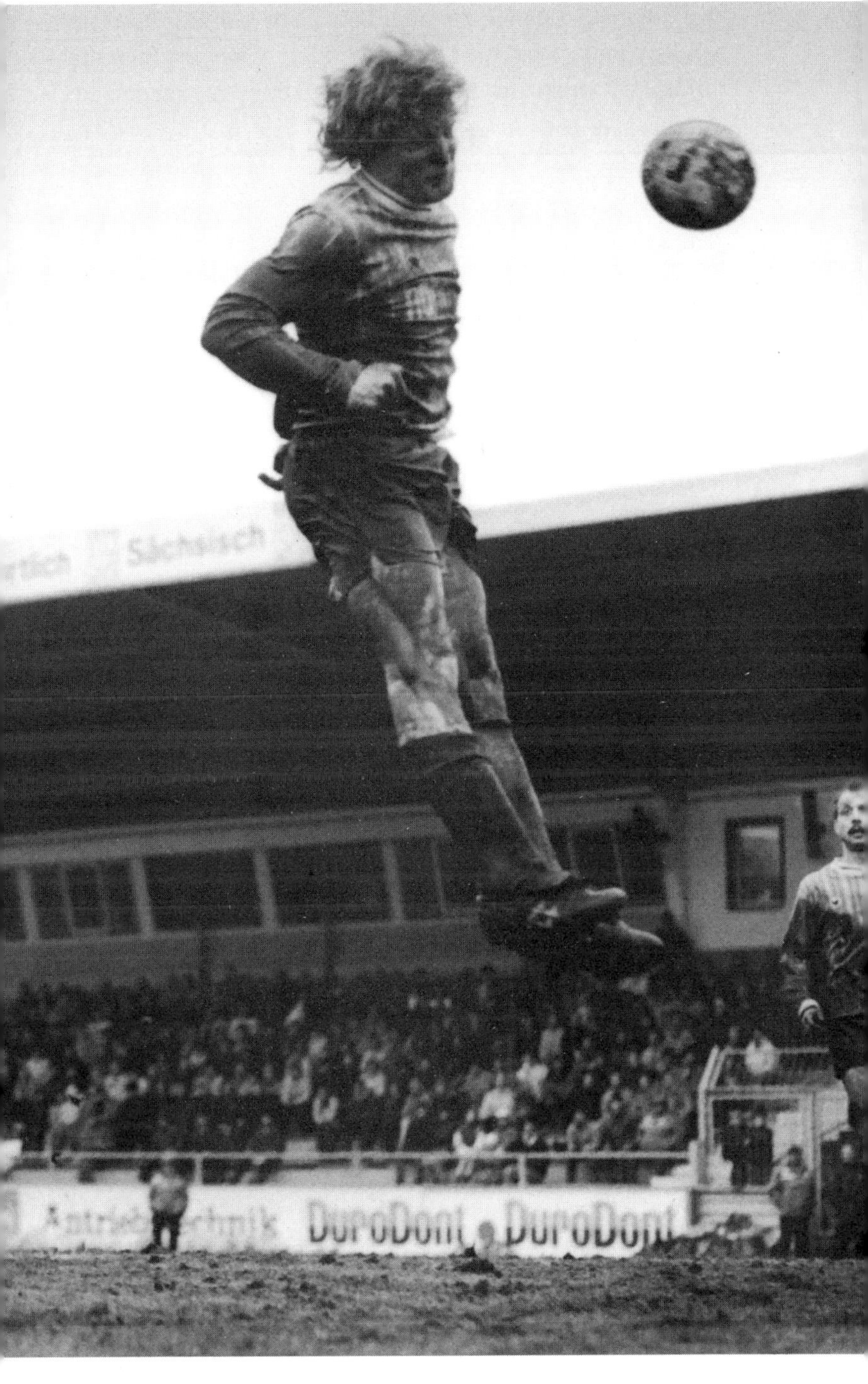
Sächsisch
DuroDont DuroDont

auf, was mit Chemie zu jener Zeit nicht möglich gewesen wäre. Am 13. Mai 1987 stand Leitzke sogar im Endspiel um den Europacup der Pokalsieger, das Lok gegen Ajax Amsterdam mit 0:1 verlor.

Im Jahr 1989, nunmehr 28-jährig, kehrte er wieder zurück zu seinen Chemikern. Für deren Nachfolger FC Sachsen spielte er noch bis 1996 in der Oberliga Nordost und in der Regionalliga Nordost, ließ dann seine aktive Laufbahn in Eilenburg ausklingen und wirkte als Trainer in Leutzsch, zwischendurch jeweils ein paar Monate beim VfB Pößneck sowie dem VfB Herzberg und coacht seit 2014 den FSV Großpösna, mit dem er in die Leipziger Stadtliga aufgestiegen ist.

Lada statt Trabant, Magdeburg statt Zwickau

Dirk Schuster nutzt clever seine Chancen

Dirk Schuster, von 2006 bis 2021 Trainer bei fünf Vereinen, wusste sich auch als Spieler schon durchzusetzen. Als beim FC Karl-Marx-Stadt gut ausgebildeter junger Verteidiger gehörte er der U20-Auswahl der DDR an, die 1986 Junioren-Europameister wurde. Er war bei dem Turnier in Jugoslawien in allen Spielen zum Einsatz gekommen. Dennoch blieb es für den Youngster bei einem Club wie Karl-Marx-Stadt schwierig, in die erste Mannschaft zu kommen. Zudem ereilte ihn ein Unglück: »Nachdem wir 1986 mit den A-Junioren des FCK DDR-Meister geworden waren, konnte ich die Saisonvorbereitung 1986/87 mit der Oberligamannschaft im Trainingslager mitmachen. Dann brach ich mir aber in einem Zweikampf den Arm und war erst mal draußen. So kam ich nach der Genesung in die Zweite des FCK, die spielte Bezirksliga, also drittklassig. Da ich aber zum U20-Kader gehörte, der 1987 für die WM in Chile qualifiziert war, sollte ich in einem Erst- oder Zweitligateam antreten, um Spielpraxis zu sammeln.«

Da das in Karl-Marx-Stadt bis dahin nicht klappte, kam man auf die Idee, Schuster für ein Jahr zu Sachsenring Zwickau zu geben. Die bis 1983 dienstälteste Mannschaft der Oberliga war 1986 zum zweiten Mal in die DDR-Liga abgestiegen. Für das Unternehmen Wiederaufstieg kam ein Talent wie Schuster Ende 1986 gerade recht. Die Vereinbarung, ihn für ein Jahr an den Nachbarn in die zweite Liga zu schicken, war also für beide Vereine von Vorteil und für den jungen Kicker ebenso.

Wenige Wochen nach der U20-WM, bei der die DDR mit Schuster im Herbst 1987 Platz drei belegte, lief der Vertrag, die Ausleihe aus, doch die Karl-Marx-Städter hatten das offenbar nicht so richtig auf dem Schirm. Dafür umso mehr der 1. FC Magdeburg. »Beim FCK hatten sie die Zeit verpasst, vielleicht haben sie auch keinen Wert auf mich gelegt«, ist sich der potenzielle Rückkehrer bis heute nicht sicher. »Das Team war auf meiner Position mit Jörg Illing und Udo Fankhänel auch schon gut besetzt.« Die Magdeburger hingegen klopften bei Schuster an: »Trainer Joachim Streich und der Club-Vorsitzende Herbert König haben mir sogar zu Hause ihre Aufwartung gemacht. Sportlich war das Angebot total reizvoll für mich.« Schuster pokerte ein wenig. »Die Zwickauer standen wirtschaftlich gut situiert da und zahlten auch gut.« Hauptsponsor Sachsenring produzierte schließlich die damals hochbegehrten Autos vom Typ Trabant. Einen Trabi hatte die BSG Sachsenring auch Schuster versprochen. »Bezahlen hätte ich ihn müssen, aber die übliche Wartezeit von über zehn Jahren wäre mir erspart geblieben«, erinnert er sich. »Den Magdeburgern sagte ich, dass ich in Zwickau ein Auto bekäme. Sie fragten, was denn für eins?« Da zeigte der junge Schuster auch außerhalb des Rasens eine gewisse Schlitzohrigkeit und antwortete: »Einen Lada.« Dieses auf einer Fiat-Lizenz basierende »Russen-Auto« war so etwas wie das Nonplusultra für DDR-Autofahrer. »Die Magdeburger schluckten zwei-, dreimal, aber ich habe den Lada bekommen«, freut sich Schuster heute noch über den gelungenen Streich. Apropos Streich: Der einstige DDR-Torjäger und damalige Magdeburger Trainer Joachim Streich wurde eine Art Mentor Schusters, der ihm bis heute dafür dankbar ist. Doch dazu später mehr.

Zunächst wurde es kompliziert, denn der FC Karl-Marx-Stadt hatte etwas gegen den Wechsel nach Magdeburg. Der zum Leistungsclub erkorene FCK wollte Schuster nun offenbar doch zumindest in seinem Einzugsgebiet behalten und brachte dafür hohe Sport- und SED-Funktionäre in Stellung. Aber anders als bei anderen Spielern wurde Schuster selbst nicht mit einer Sperre bedroht. Man setzte den Hebel bei Eberhard Schuster an, Dirks Vater. Auch der hatte früher für die Karl-Marx-Städter gekickt, in der ersten Mannschaft sogar, und trainierte gegenwärtig die A-Junioren des FCK. Man drohte ihm, dass er seinen Trainerposten

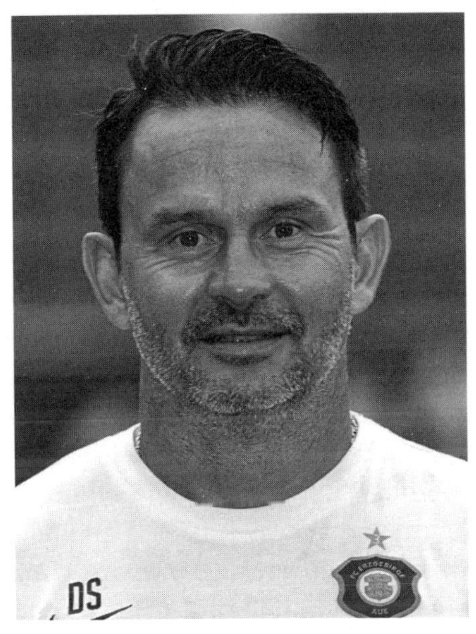

Dirk Schuster 2019 als Trainer des FC Erzgebirge Aue

verlieren werde, wenn sein Filius nach Magdeburg gehe. »Ich habe mich mit meinem Vater darüber ausgetauscht. Er sagte, an meiner Stelle würde er den Schritt machen. Wenn er Probleme bekomme, sei das zweitrangig. Das fand ich super von ihm«, bekennt Dirk. Letztlich machte man die Drohung nicht wahr. Eberhard blieb Coach beim FCK, und sein Sohn durfte beim FCM spielen. Zum Schluss starteten jedoch die Zwickauer noch einen Versuch, den talentierten Verteidiger zu halten. »Sie kamen vormittags unangemeldet vorbei«, erinnert sich Schuster, der damit jedoch nicht mehr umzustimmen war. »Es waren unruhige Tage, aber es ist alles glimpflich abgegangen«, blickt er froh zurück.

Kurz bevor der Wechsel nach Magdeburg vollzogen wurde, bekam Dirk Schuster schon eine Einladung zur DDR-Olympia-Auswahl. »Das war beachtlich«, wundert er sich heute noch, »ich hatte zu dem Zeitpunkt noch kein einziges Oberligaspiel gemacht, kam aus der zweiten Liga und war dann mit solchen gestandenen Oberliga-Profis wie Dirk Heyne oder Dirk Stahmann, mit denen ich ja dann auch in Magdeburg spielen sollte, in einer Auswahl.« Es ging gleich nach dem Jahreswechsel 1987/88 zu einem Turnier nach Malta. »Das war ein großer Schritt für mich und ein schönes Erlebnis«, schwärmt er.

War dieser durchaus interessante Vereinswechsel schon keine klassische Delegierung mehr, verdeutlicht Schusters nächster Wechsel den rasanten Wandel auch auf diesem Gebiet während der Wendejahre 1989/90. Streich war als erster DDR-Trainer von einem Westverein engagiert worden, ab Sommer 1990 trainierte er Eintracht Braunschweig. Die DDR-Clubs versuchten sich auf die neuen wirtschaftlichen Verhältnisse einzustellen und boten ihren Spielern erstmals so etwas wie Profiverträge an. »Magdeburg hat mir allerdings ein unterirdisches Angebot gemacht«, erzählt Schuster, sodass ihm eine Anfrage aus Magdeburgs Partnerstadt Braunschweig nicht ungelegen kam. »Der Impuls dafür ging von Streich aus«, sagt Schuster. Offenbar noch bevor der Trainer sein Amt überhaupt angetreten hatte. »Das Verrückte daran kam aber noch«, berichtet Schuster weiter. »Eine Woche nach meiner Vertragsunterschrift im Frühjahr 1990 erhielt ich den Einberufungsbefehl zur NVA, die DDR existierte ja noch.« Daraufhin entschloss sich Schuster mit seiner Frau zur Flucht in den Westen, was seit dem Mauerfall am 9. November 1989 nicht mehr allzu schwierig war. Schuster: »Eintracht-Präsident Harald Tenzer schickte uns einen LKW und zwei Mitarbeiter. Wir verstauten unsere Möbel und fuhren an einem weniger belebten Grenzübergang rüber, mussten aber erst einmal in ein Aufnahmelager in Hannover.« Die Schusters brachten alle Formalien hinter sich, bekamen eine Wohnung und waren Bürger der BRD. »Dadurch musste ich allerdings das letzte Länderspiel der DDR in Brüssel gegen Belgien absagen«, bedauert er heute noch immer. Den lästigen Armeedienst zu vermeiden schien wichtiger. Denn selbst wenn der Spieler den nicht mehr voll hätte ableisten müssen, wäre das der Karriere zumindest zeitweise abträglich gewesen.

Mit den Braunschweigern kickte Schuster in der 2. Bundesliga wieder unter seinem Förderer Streich. Doch schon nach einem Jahr rief die erste Liga: Beim Karlsruher SC wurde er zum Bundesligaspieler. »Das war die beste Zeit«, bekennt der Verteidiger zu dieser sehr erfolgreichen Phase, in der er nicht nur grandiose EC-Partien wie das 7:0 gegen den FC Valencia erlebte, sondern es auch in die gesamtdeutsche Nationalmannschaft schaffte. Nach vier Einsätzen in der DDR-Auswahl lief er noch dreimal fürs DFB-Team auf. Beim KSC blieb er bis 1997. Es folgten zwei Jahre beim 1. FC Köln. Insgesamt kam Schuster auf genau 200 Bundesliga-Einsätze. Die Saison 1999/2000 kickte er in der Türkei bei Antalyaspor, dann kurzzeitig in Österreich bei Admira Wacker Mödling, danach ab 2002 jeweils für zwei Spieljahre bei LR Ahlen, in Wilhelmshaven und bis 2006 bei Waldhof Mannheim, seiner letzten Station als – unterdessen 38-jähriger – Profi.

Nach seiner Spielerkarriere trainierte Schuster zunächst Amateurvereine, ehe er 2009 mit den Stuttgarter Kickers seine erste »richtige Station als Coach« erlebte, wie er es selbst sieht. Besonders erfolgreich war er mit dem SV Darmstadt 98, den er bis in die Bundesliga führte. Nach dem FC Augsburg wirkte er nochmals bei den Südhessen und arbeitete von 2019 bis 2021 beim FC Erzgebirge Aue.

Der kleine »Scholle« kommt als »Großer« zurück

Nach einem Umweg über Leipzig spielt Dynamo-Talent Heiko Scholz wieder in Dresden

Zunächst lief alles so, wie es bei talentierten Fußballern aus dem Bezirk Dresden gang und gäbe war. Heiko Scholz, in Görlitz zur Welt gekommen, wurde im Alter von zwölf Jahren auf die Sportschule in Dresden delegiert. Vier Jahre spielte er im Nachwuchsbereich bei Dynamo. »Einen Vertrag bei den Männern bekam ich aber nicht. Trainer und Verantwortliche hielten mich für zu klein und wohl auch für zu schlecht.« Scholz wechselte zur ISG Hagenwerder und machte seinen Abschluss zum Instandhaltungsmechaniker.

Der große Fußball schien für »Scholle« in unerreichbare Ferne gerückt, doch bei einem Hallenturnier in Görlitz wurde Chemie Leipzig auf den 1,73 Meter großen Lockenkopf aufmerksam. Um ihn von der ISG loszueisen, ließen die Leipziger einige Dinge im Wert für insgesamt etwa 1500 DDR-Mark nach Hagenwerder bringen, wie sich Chemie-Zeuge Henning Neidhardt erinnert: »Unser Stürmer Michael Meyer, der ebenfalls aus Görlitz stammte, nahm nach und nach zehn Kastenluftmatratzen aus unserem Trägerbetrieb Elguwa mit in seine Ex-Heimat. Es waren die teuersten Luftmatratzen, die in der DDR hergestellt wurden. Dazu wanderten zwei exquisite Tango-Bälle sowie zehn Döbelner Salami zur ISG, durchweg begehrte Sachen. Außerdem traten wir noch zu einem Freundschaftsspiel in Hagenwerder an.«

In Leutzsch schaffte es der in Dresden ausgemusterte Scholz sogar bis in die U21-DDR-Auswahl. »Für eine

Betriebssportgemeinschaft war das schon ein großer Erfolg. Und ich durfte, obwohl ich kein Genosse gewesen bin, ins westliche Ausland reisen.« Doch dann entschied die Parteileitung in Leipzig, den Nicht-Genossen Heiko Scholz zum 1. FC Lokomotive zu delegieren. Dort spielte der torgefährliche Mittelfeldakteur vier Jahre und stand im Mai 1987 mit den Leipzigern im EC-Endspiel der Pokalsieger gegen Ajax Amsterdam (0:1). Wenige Tage später stemmte Scholz den FDGB-Pokal in die Höhe.

Der sportliche Höhenflug des einst für zu klein befundenen Fußballers blieb selbstverständlich auch in Dresden nicht unbemerkt. Wer auch immer Heiko Scholz einst weggeschickt hatte, dürfte ein paar Jahre später an seinem Fußballsachverstand gezweifelt haben. Zumal die Dynamo-Verantwortlichen nun für einen in Dresden ausgebildeten Jungen tief in die Tasche greifen mussten. Im Sommer 1990 ging Heiko Scholz als erster Millionentransfer in die DDR-Fußballgeschichte ein. »Das muss man sich auf der Zunge zergehen lassen. Ich wurde bei Dynamo ausgebildet, dann schickt mich der Verein weg, um mich später für viel Geld wieder zurückzuholen.« Seinen Eltern in Görlitz war damals allerdings nicht zum Lachen zumute, denn die Leute in der Neißestadt dachten, Scholz Junior hätte diese eine Million der Dresdner kassiert.

Die hohen Ausgaben für den einst Verschmähten zahlen sich für Dynamo dennoch aus. Mit dem 2:1-Sieg beim 1. FC Lok Leipzig machen die Dresdner am vorletzten Spieltag der Serie 1990/91 die Bundesliga-Qualifikation perfekt. Heiko Scholz schießt das 1:0 – ausgerechnet gegen seinen ehemaligen Verein. »Es war schon ein etwas komisches Gefühl, zumal die Leipziger mit einem Sieg gegen uns auch noch Chancen auf die Qualifikation zur ersten Bundesliga gehabt hätten.« In Liga eins bringt es Scholz auf 32 Spiele im ersten Jahr und erzielt vier Tore. »Dynamo war mein Traumverein, dort wollte ich schon als Knirps spielen. Nach

Scholz 2017 als Trainer
des 1. FC Lok Leipzig

sechs Jahren in Leipzig habe ich die Chance beim Schopfe gepackt, mit Dynamo die Bundesliga und dort im ersten Jahr den Klassenerhalt erreicht.« 1992 verkauften die Dresdner den »Kleinen« zu Bayer Leverkusen. »Für 1,8 Millionen. Der Verein hatte also 800 000 Mark Gewinn gemacht, und ich konnte das Angebot von Bayer-Manager Reiner Calmund nicht ablehnen«, blickt Scholz schmunzelnd zurück. In Dresden bestritt er später auch sein einziges Länderspiel für die DFB-Auswahl. Mit Frau Ilona sowie den beiden Töchtern Yvonne und Elisabeth zog er nach Leichlingen, baute dort ein Haus. Nach Leverkusen holte Scholz 1993 den DFB-Pokal, spielte von 1995 bis 1998 für Werder Bremen. Bei Fortuna Köln, der SG Wattenscheid 09 und beim Dresdner SC ließ er seine erfolgreiche Laufbahn ausklingen.

Als Trainer arbeitete Heiko Scholz beim MSV Duisburg, in Windeck und bei Viktoria Köln, ehe er nach kurzer Arbeitslosigkeit den Trainerjob beim VfB Leipzig übernahm. Es folgte ein Engagement als Chefcoach beim FSV Wacker Nordhausen, ehe Scholle im Dezember 2019 als Co-Trainer zu Dynamo Dresden zurückkehrte.

Ausleihe in der Oberliga: Wo ist Barth?

Der Chemie-Verteidiger wurde kurzzeitig zum Leipziger Rivalen Lok geholt

Erst im fortgeschrittenen Fußballeralter hatte sich Andreas Barth bei seinem Heimatverein Chemie Leipzig als Stammspieler durchgesetzt. Der relativ kleine, doch umso gewandtere Außenverteidiger wurde mit zunehmendem Alter immer besser und stieg folgerichtig zum Mannschaftskapitän auf, mit 29 Jahren. Chemie, der DDR-Meister von 1964, war in dieser Zeit längst zu einer Art Fahrstuhlmannschaft geworden, pendelte zwischen Oberliga und DDR-Liga. Lokalrivale Lok zeigte Interesse an Andreas »Arthur« Barth (sein Spitzname wird in Anlehnung an den Tennisstar Arthur Ash englisch ausgesprochen). Das späte Interesse war ungewöhnlich. Das Zugriffsrecht eines Leistungszentrums bezog sich in der Regel auf junge Spieler, Talente. Lok hatte zu Beginn der Saison 1987/88 Personalprobleme in den Abwehrpositionen. So fiel unter anderem Auswahlverteidiger Matthias Lindner verletzt für einige Wochen aus. Folglich schaute man zu Chemie, wo Oldie Barth eine ursolide Größe geworden war. »Ich bekam an einem Montag einen Anruf von Loks Clubchef Peter Gießner«, erinnert sich Barth, »ob ich mir vorstellen könnte, bei Lok für eine gewisse Zeit auszuhelfen. Ich war von dieser Offerte ehrlich gesagt sehr überrascht.«

Er setzte sich daraufhin mit dem Mannschaftsrat der Chemiker in ihrem Stammcafé zusammen und fragte seine Kollegen, was sie davon halten. »Sie sagten alle, ich sollte mir diese sportliche Chance nicht entgehen lassen, denn es ging Lok wohl vor allem darum, im Europapokal der Pokalsieger ohne Personalsorgen mitmischen zu können. Für mich war das natürlich überaus reizvoll.« Mit solch einer Gelegenheit hatte das Leutzscher Urgestein beim besten Willen nicht mehr gerechnet, da seine Grün-Weißen – politisch von den DDR-Sportoberen durchaus so gewollt – international schon seit 1966 nicht mehr mitmischten. Und auch diese Teilnahme muss als eher ungewöhnlich verzeichnet werden: Chemie war überraschend Pokalsieger geworden, hatte sich für den Europapokal qualifiziert, wo man im Dezember 1966 gegen Standard Lüttich das letzte EC-Match der Vereinsgeschichte absolvierte und denkbar knapp mit 0:1 nach 2:1 im Hinspiel ausschied.

Kurzum, Barth sagte beim lokalen Konkurrenzverein zu. Zuvor hatte er freilich auch mit Chemie-Fußballabteilungsleiter Hans-Joachim Jungnickel gesprochen. Dem blieb angesichts der Konstellation zur privilegierten Lok im Grunde genommen nichts anderes, als grünes Licht zu geben, knüpfte daran aber gegenüber dem Lokalrivalen die Bedingung, oder besser gesagt: die Bitte, für Barth Ersatz von Lok zu bekommen. Die Probstheidaer schickten deshalb den offenbar entbehrlichen Stürmer Matthias Zimmerling sowie Verteidiger André Barylla nach Leipzig-Leutzsch.

Ein Wechsel in Richtung Lok war (und ist) in Leipzig nie ohne Brisanz und wurde damals seitens der Klubs und Medien auch ziemlich verklemmt behandelt. Die Presse meldete es erst nach dem ersten Heimspiel ohne den Kapitän. Trotzdem drang der Wechsel vorher zu den Fans durch, weshalb sie beim nächsten Heimspiel Chemies süffisant plakatierten: »Wo ist Barth?«

Da hatte der Delegierte gerade folgendes Empfangserlebnis hinter sich: Als Andreas Barth das erste Mal zum Training nach Probstheida fuhr, nahm er mangels Auto die Straßenbahn und wurde schon erwartet. Als er aber zu Fuß im Bruno-Plache-Stadion eintraf, wunderten sich

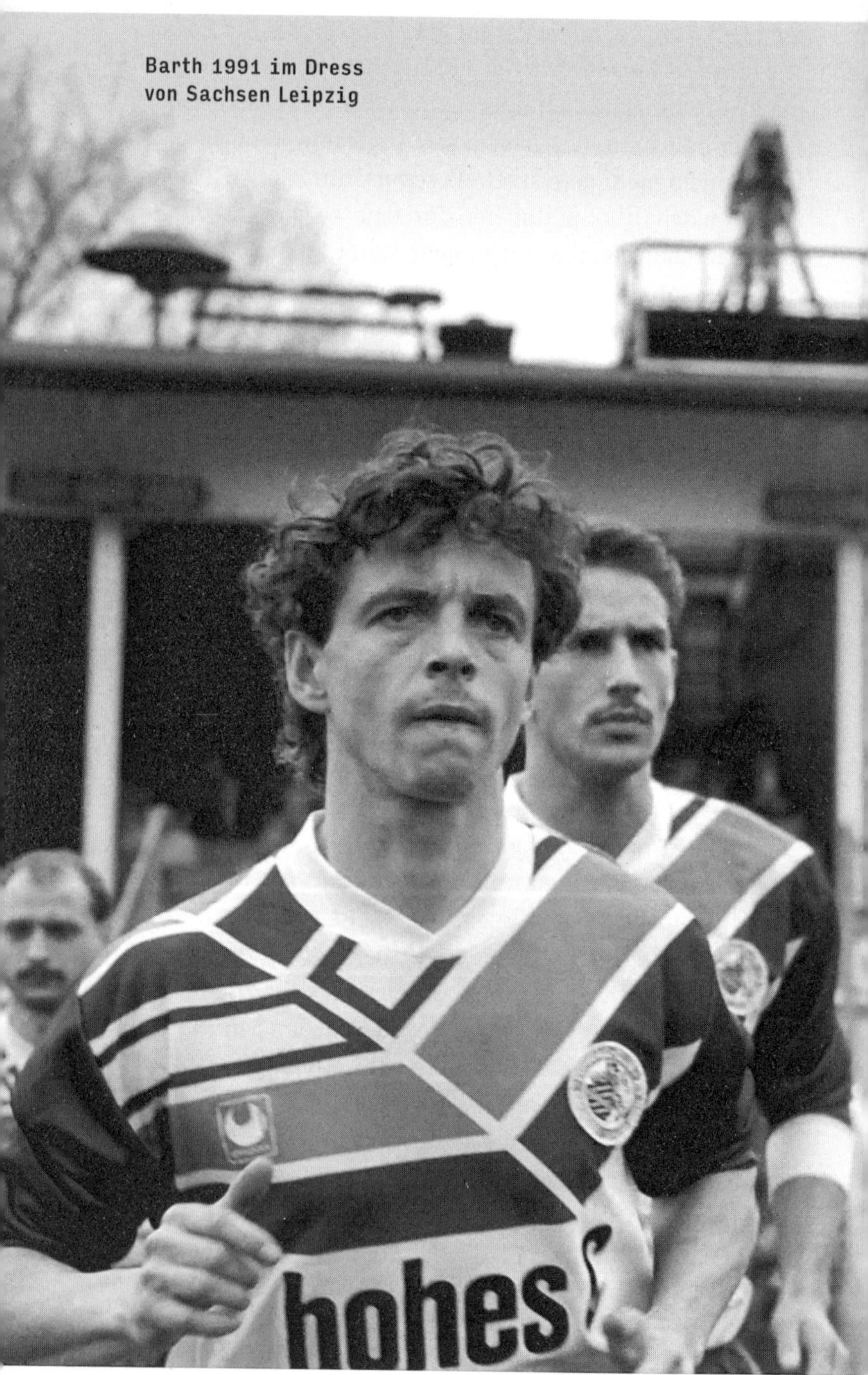

Barth 1991 im Dress
von Sachsen Leipzig

die Lok-Funktionäre um Gießner. Die Frage, woher er denn komme, beantwortete er wahrheitsgemäß: »Na von der Straßenbahnhaltestelle.« Das war für Oberliga-Kicker der Lok dann doch etwas ungewöhnlich. Barth durfte sich binnen vier Tagen in einem Autoauslieferungslager in Leipzig-Eutritzsch einen Trabant abholen. Freilich gegen Bezahlung, aber die in der DDR übliche jahrelange Wartezeit auf ein Auto hatte mit einem Schlag keine Bedeutung mehr. Schon allein deshalb hatte sich der Vereinswechsel gelohnt.

Sportlich sollte er sich für ihn ebenfalls auszahlen. Immerhin siebenmal wurde er in der Oberliga für den 1. FC Lok eingesetzt (bereits 1984/85 für Chemie vierzehnmal), und bei den beiden Europapokalspielen gegen Olympique Marseille gehörte er zumindest zum Aufgebot, was ihm eine nie erwartete Westreise nach Frankreich einbrachte. Zu mehr reichte es aber allein schon deshalb nicht, weil der EC-Finalist von 1987 in der Folgesaison gleich in der ersten Runde gegen eben die Franzosen ausschied. Nachdem Matthias Lindner genesen war, ging Barth im November 1987 wie abgesprochen zurück zu Chemie in die zweite Liga. In Leutzsch beendete er Mitte der 1990er Jahre seine Laufbahn und wirkt bis heute als Trainer für unterklassige Teams, aktuell beim SV Lindenau 1848 im Leipziger Westen, seinem Revier.

Sommergerangel hinter den Kulissen

Der Kampf um den Auswahlstürmer Damian Halata

Damian Halata hatte schon lange vor seinem Vereinswechsel von Magdeburg nach Leipzig einen gewichtigen Umzug zu bewältigen. Als Neunjähriger siedelte er im März 1972 mit seinen Eltern aus dem oberschlesischen Chorzów in Polen nach Magdeburg über. Seine Vorfahren waren deutschstämmig, nach dem Zweiten Weltkrieg aber zunächst unter Annahme der polnischen Staatsbürgerschaft in dem ab 1945 polnischen Gebiet geblieben.

»Ich konnte kein Wort Deutsch, als wir in Magdeburg ankamen, weil eigentlich nur noch meine Großeltern Deutsch sprachen, und das auch nur zu Hause«, erinnert sich Halata. Und so war der Start in der deutschen Schule für ihn nicht ganz einfach, doch seine Sportbegeisterung und sein Talent halfen ihm. Zunächst spielte er Handball bei Dynamo Magdeburg und wurde mit zwölf Jahren DDR-Meister dieser Altersklasse. »Und bester Spieler«, wie er stolz ergänzt. Dennoch zog es klein Damian zum Fußball. »Zumal ich als Handballer nach Berlin zum SC Dynamo wechseln sollte. Das gefiel mir nicht.« Seine Handballtrainer waren darüber selbstverständlich nicht glücklich. Sie waren sogar so verärgert, dass sie seinen Sportausweis für den Wechsel zum 1. FC Magdeburg nicht herausgeben wollten. »Ich wäre aber ohnehin zum Fußball gegangen«, bekräftigt Halata. »Das wie alles danach würde ich wieder so machen«, blickt er auf seinen sportlichen Weg zurück.

Womit wir bei seiner Karriere als Fußballer wären. Halata durchlief ab 1974 die Nachwuchsteams des 1. FCM.

Auch hier fiel er früh als Talent auf, was ihm Berufungen in diverse Auswahlmannschaften einbrachte. Im Männerbereich lief er in der DDR-Oberliga für den 1. FC Magdeburg bis 1988 stattliche 193-mal auf und erzielte dabei 47 Tore. Für die Olympia-Auswahl des Landes spielte er zwischen 1986 bis 1988 beachtliche dreißigmal, schoss dabei sieben Tore. Dennoch verpasste er mit seinem Team die Qualifikation für die Olympischen Spiele in Seoul 1988 hauchdünn. Das ärgert ihn noch heute: »Wir haben die schwierigen Gegner wie Holland geschlagen, um dann in Island 0:2 zu verlieren.«

In die DDR-A-Auswahl wurde er zwischen 1984 und 1989 viermal berufen, einmal glänzte der dynamische Stürmer in der Nationalelf als Torschütze.

In Magdeburg, das betont er ausdrücklich, fühlte er sich wohl. »Lediglich mit der schlechteren Bezahlung von Detlef Schößler und mir als Studenten gegenüber den anderen, die pro forma im Trägerbetrieb angestellt waren, konnte ich nicht zufrieden sein, denn wir haben ja schließlich ebenso unsere Leistung auf dem Rasen gebracht.« Durch die Prämien als Auswahlspieler sei die Ungleichbehandlung jedoch zum Teil ausgeglichen worden. Und daher war Geld nicht der ausschlaggebende Grund, dass Halata für DDR-Verhältnisse relativ spektakulär vom Leistungsclub Magdeburg zu einem Verein gleichen Ranges, zum 1. FC Lok nach Leipzig, wechselte.

Der FCM hatte in der Saison 1987/88 die Qualifikation für die Europacup-Wettbewerbe nicht geschafft. Deshalb war folgende Begebenheit in der Saisonpause irgendwie passend und dennoch überraschend: »Im Sommer 1988, es muss im Juni gewesen sein, stand plötzlich Klaus Dietze vor meiner Wohnungstür und stellte sich als Vertreter des 1. FC Lok Leipzig vor«, erinnert sich Halata. »Er sagte, man habe großes Interesse an mir. Ich war ein wenig erstaunt ob der Offerte, antwortete aber schließlich, ich könne mir

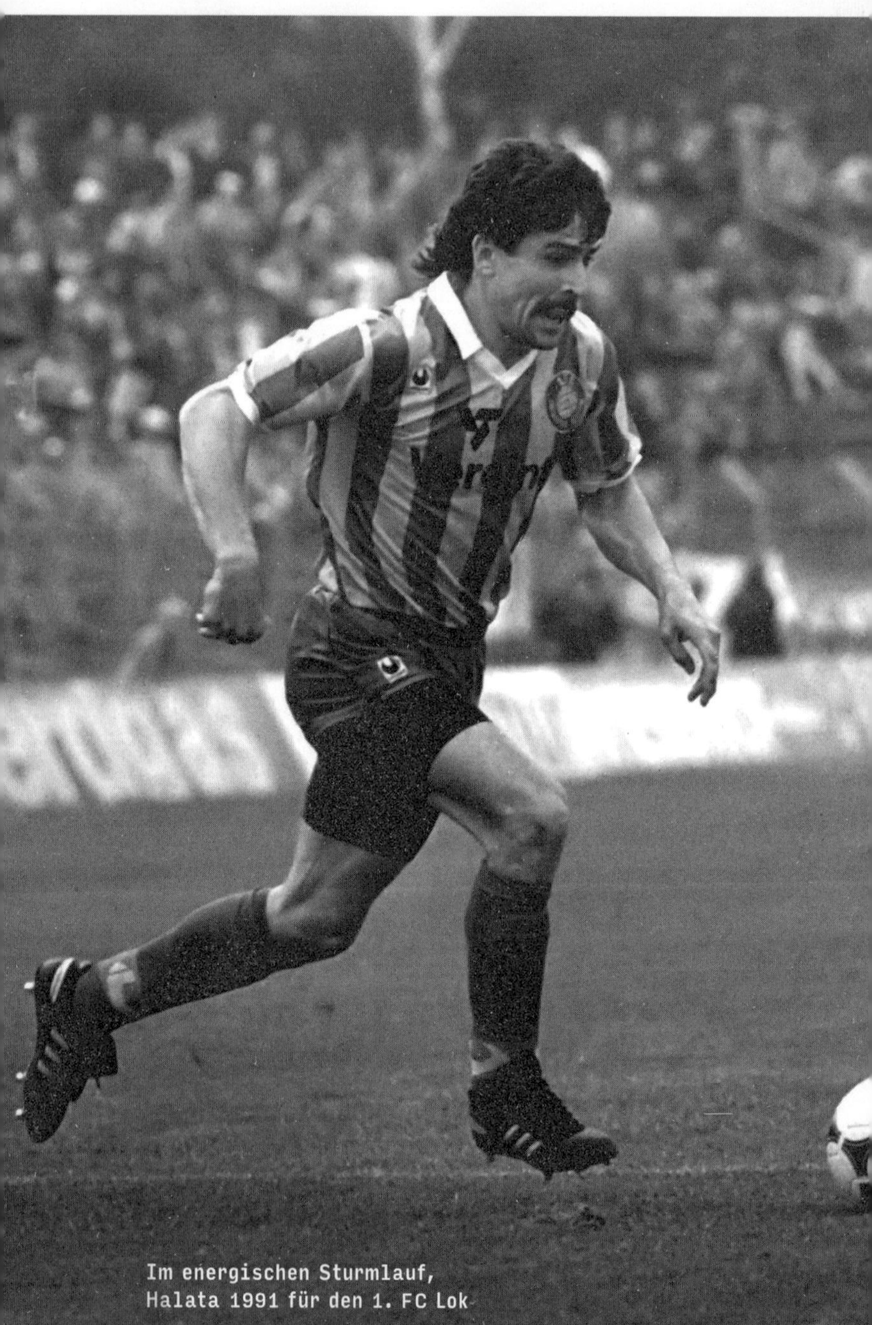

Im energischen Sturmlauf,
Halata 1991 für den 1. FC Lok

das vorstellen.« Kurz darauf fuhr Halata zu einem Gespräch nach Leipzig, bei dem neben Dietze Loks Clubchef Peter Gießner und Trainer Uli Thomale zugegen waren.

Die im Jahr zuvor bis ins Europacup-Finale der Pokalsieger vorgedrungenen Leipziger hatten Ambitionen, ähnliches wieder zu erreichen – die Magdeburger hatten indes angesichts ihrer verpassten EC-Teilnahme gerade schlechte Karten. Dennoch wehrten sie sich freilich gegen das Ansinnen aus Leipzig. »Ich habe meine Absicht dem Verein selbst mitgeteilt, worauf man mir sagte, so einfach sei es nicht«, erzählt Halata. Der 2. Bezirkssekretär der Staatspartei SED lud ihn zum Vieraugengespräch. »Der erste Teil verlief noch sehr sachlich. Er wollte mich überzeugen zu bleiben. Als ich ihm aber sagte, dass meine Entscheidung feststeht und ich zu meinem Wort stehe, weil die sportliche Perspektive in Leipzig besser sei, wurde die Aussprache unsachlich. Er drohte mir mit einer langen Sperre und gar mit dem zwangsweisen Ende meiner Laufbahn.«

Halata berichtete den Leipzigern natürlich davon. »Dr. Dietze sicherte mir aber zu, dass es klappt.« Doch in Wirklichkeit war der Ausgang des Gerangels zwischen Lok und dem FCM offen. Der Fall landete schnell beim Sportgericht des DFV in Berlin. Noch am selben Tag erging das Urteil zugunsten Halatas und damit Loks. Der damalige Verbandschef musste es aber per Unterschrift absegnen und tat dies nicht. Dadurch landete die Sache bei Egon Krenz, der im SED-Politbüro für Sportfragen zuständig war. Er bestätigte das Urteil. Von dem heißen Gerangel um den Stürmer erfuhr der normale Fußballfan zu DDR-Zeiten nichts, Insider ahnten aber zumindest, dass solch eine Delegierung nicht harmonisch vonstattenging.

»Ich glaube, den Ausschlag gab, dass ich Auswahlspieler und zudem kein SED-Mitglied war«, vermutet Halata rückblickend. »Das ist für Außenstehende sicher kaum mehr nachvollziehbar. Es war jedenfalls eine unschöne Sommerpause mit viel Stress, weil ich Angst hatte, nie mehr Fußball spielen zu können. Und meine Magdeburger Mannschaftskameraden waren natürlich auch nicht begeistert.« Für die Leipziger spielte er 74 Oberligaspiele, in denen er 22 Tore schoss. Seine Gesamtbilanz mithin: 69 Oberliga-Tore in 267 Spielen. Im Europapokal kickte er für den FCM und Lok insgesamt vierzehnmal, schoss dabei zwei Tore.

Im wiedervereinigten Deutschland schaffte er 1991 mit dem nunmehr in VfB umbenannten 1. FC Lok Leipzig die Qualifikation für die 2. Bundesliga. Dort verletzte er sich gleich im zweiten Einsatz für den VfB schwer am Knie. Nach zwei Kreuzbandoperationen musste Damian Halata, erst 29-jährig, seine aktive Laufbahn beenden. Es folgte eine Karriere als Trainer, zunächst bei den Leipzigern, die er in drei Phasen als Cheftrainer in der 2. Bundesliga betreute. Danach trainierte er von 1998 bis 2001 Dynamo Dresden in der Regional- sowie in der Oberliga. Weitere Stationen waren zweimal ZFC Meuselwitz, danach SV Dessau 05 und Budissa Bautzen. Heute arbeitet der einstige Nationalspieler als Sportlehrer an einem Leipziger Gymnasium.

Auswahlspieler reiste mit dem Trabi an

Magdeburger Detlef Schößler kam nach Dresden und kletterte in die Bundesliga

Der Wechsel eines Nationalspielers zu einem Verein, der regelmäßig im Europapokal spielte, war selbst für die DDR ein nahezu normaler Vorgang. Doch bei Detlef Schößler verhielt es sich etwas anders, schließlich wechselte er 1989 vom einstigen EC-Sieger 1. FC Magdeburg zu Dynamo Dresden.

Schößler wurde bereits zu Magdeburger Zeiten zum Auswahlspieler, »von denen Ende der achtziger Jahre die meisten bei Dynamo spielten, deshalb wollte ich dann auch unbedingt nach Dresden«. Beim FCM hatte er seine Laufbahn begonnen, dort bereits mit siebzehn Jahren seinen Einstand bei den Männern gefeiert. 1983 gewann er mit Magdeburg den FDGB-Pokal durch ein 4:0 im Endspiel über den FC Karl-Marx-Stadt. Sechs Jahre später waren die glorreichen Zeiten der Bördestädter vorbei. »Ich bin Nationalspieler gewesen und wollte auch auf Vereinsebene unbedingt international spielen. In Magdeburg hatten aber etliche Leistungsträger aufgehört, und in der Führungsetage arbeitete man damals nicht so geradlinig. Daher fiel mir der Wechsel nicht so schwer, zumal mit Frank Lieberam und Uwe Kirchner schon vorher zwei Magdeburger zu Dynamo gewechselt waren.« Die Dresdner wurden für ihre Beharrlichkeit belohnt, schließlich hatten sie in den Jahren zuvor schon einige Male bei »Kurti« Schößler angeklopft – der übrigens »mit dem Trabi in Dresden anreiste«.

Detlef Schößler feierte mit Dynamo das Double und schaffte 1991 mit den Dresdnern als Vizemeister hinter

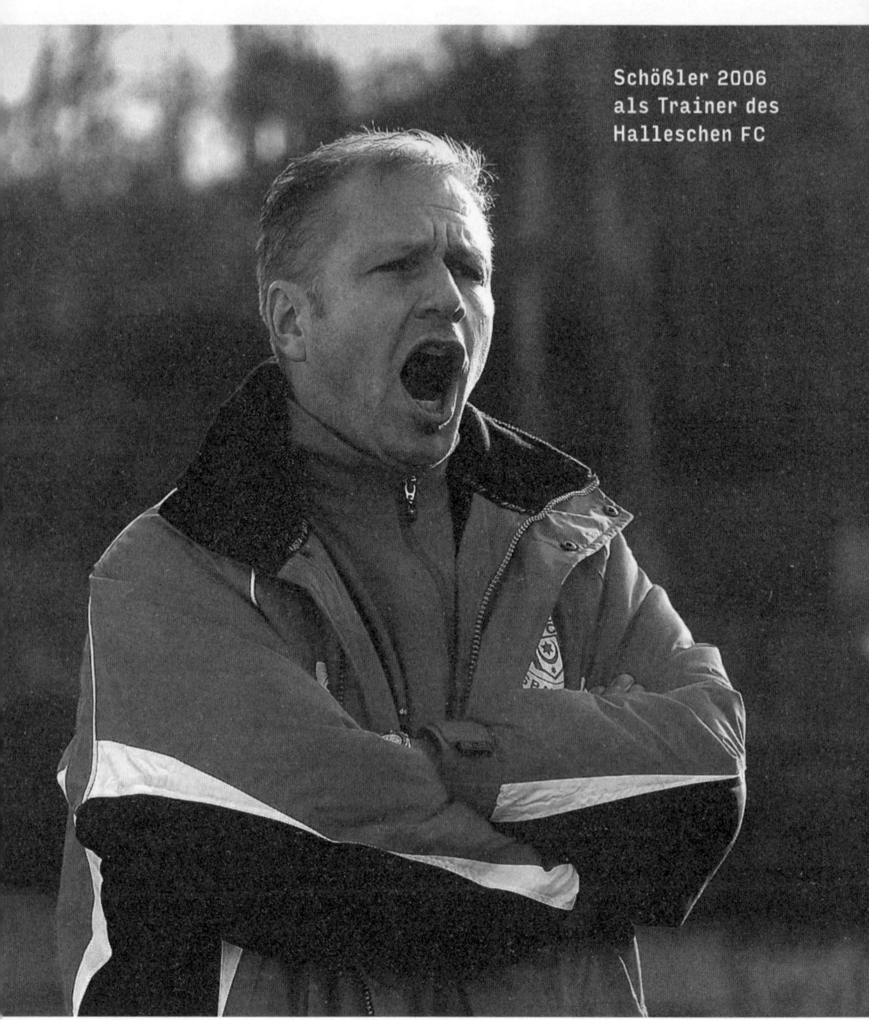

Schößler 2006 als Trainer des Halleschen FC

Hansa Rostock die Bundesliga-Qualifikation. Nach Matthias Maucksch bestritt Kurti die meisten Bundesligaspiele für Dynamo (113). Dabei ging der 15. Februar 1992 in die Dynamo-Historie ein, denn die Dresdner holten den ersten Auswärtssieg in ihrer Bundesliga-Geschichte – ausgerechnet beim ruhmreichen FC Bayern im Münchner Olympiastadion (2:1). Heiko Scholz und Dirk Zander erzielten die Tore, für die Bayern traf Roland Wohlfahrt, 1989 und 1991 Bundesliga-Torschützenkönig. Ansonsten war vom FCB-Torjäger an diesem Tag nicht viel zu sehen – auch ein Verdienst von Abwehrspieler Schößler.

Nach sechs Jahren wurde das Kapitel Dynamo geschlossen. Schößler, damals 32, musste sich einen neuen Verein suchen, weil man den Dresdnern nach dem Erstliga-Abstieg die Lizenz entzog. »Ich wäre auch in der zweiten Liga in Dresden geblieben, denn ich fühlte mich in der Stadt mit meiner Frau und meinen beiden Kindern sehr wohl.« Dynamo legte ihm zwar ein Angebot für die Regionalliga vor, »aber in die damals dritte Liga wollte ich nicht«.

Nach dem Aus in Dresden fragten mit dem VfB Lübeck, bei dem Ex-Dynamo-Coach Helmut Schulte tätig war, und dem VfB Leipzig zwei Zweitligisten an, und Detlef Schößler entschied sich für die Messestadt. »Ich kam dort noch auf 68 Einsätze und beendete erst mit fast 36 meine Profilaufbahn.« Anschließend wechselte er zum SV Grimma. »Das passte gut. Ich hatte einen Job als Sportlehrer, wohnte in der Nähe, und der Trainingsaufwand bei den Muldestädtern hielt sich im Rahmen.« Später führte er als Trainer die A-Junioren des VfB Leipzig in die Bundesliga und wurde Nachfolger von Dixie Dörner als Coach der ersten Männer-Mannschaft des VfB. Bei Sachsen Leipzig stieg er erneut mit den A-Junioren in die Bundesliga auf. Es folgten der Hallesche FC und Energie Cottbus. Bei den Lausitzern, damals in der Bundesliga unterwegs, war er der erste hauptamtlich arbeitende A-Junioren-Coach, formte Leonardo Bittencourt zu einem namhaften Bundesliga-Kicker. Mit 48 kehrte er nach Leipzig zurück, ging als Lehrer an die Sportschule. Vom Trainerberuf konnte er trotzdem nicht lassen, betreute zwischenzeitlich Nachwuchsteams von RB Leipzig und die Männer von IMO Merseburg in der Verbandsliga Sachsen-Anhalt.

Meppe will zum »geilsten Verein« der DDR

Andreas Wagenhaus durfte von Halle nach Dresden, Dariusz Wosz wurde es verwehrt

Andreas Wagenhaus, vierfacher Familienvater und in Naumburg geboren, spielte ab 1989 bei Dynamo Dresden. Aus Sicht des kantigen und knallharten Verteidigers ein logischer Schritt. Seine ersten Übungseinheiten hatte »Meppe« bei der TSG Naumburg absolviert. Bereits als Zwölfjähriger kam er zum Halleschen FC Chemie, wo er mit achtzehn sein Debüt in der DDR-Oberliga feierte. Bei den Saalestädtern entwickelte sich Wagenhaus schnell zum Stamm-Libero und DDR-Junioren-Auswahlspieler. »Aber ich wollte unbedingt nach Dresden, denn für mich war das der geilste Verein des Landes.«

Der Wechsel 1989 aus der Saale- in die Elbestadt löste in Halle verständlicherweise wenig Freude aus. »Ich machte mit Trainer Eduard Geyer und Dynamos Klubchef Bernd Kießling aber alles klar, um den Rest kümmerten sich die Dresdner Verantwortlichen.« Auch sein HFC-Mitspieler Dariusz Wosz sollte mit in die Elbestadt umziehen, »aber da drehten die SED-Politiker in Halle ganz gewaltig am Rad«, erinnert sich Wagenhaus. »Die Eltern von Dariusz hatten einen Blumenladen in der Stadt. Ihnen wurde mitgeteilt, dass der Laden bei einem Wechsel ihres Sohns innerhalb von 24 Stunden geschlossen werden würde. Und man drohte der Familie sogar, dass sie nach Polen zurückkehren müsse.« Wosz blieb in Halle, Wagenhaus errang mit Dresden Meisterschaft und Pokalsieg, der Verein qualifizierte sich 1991 für die Bundesliga.

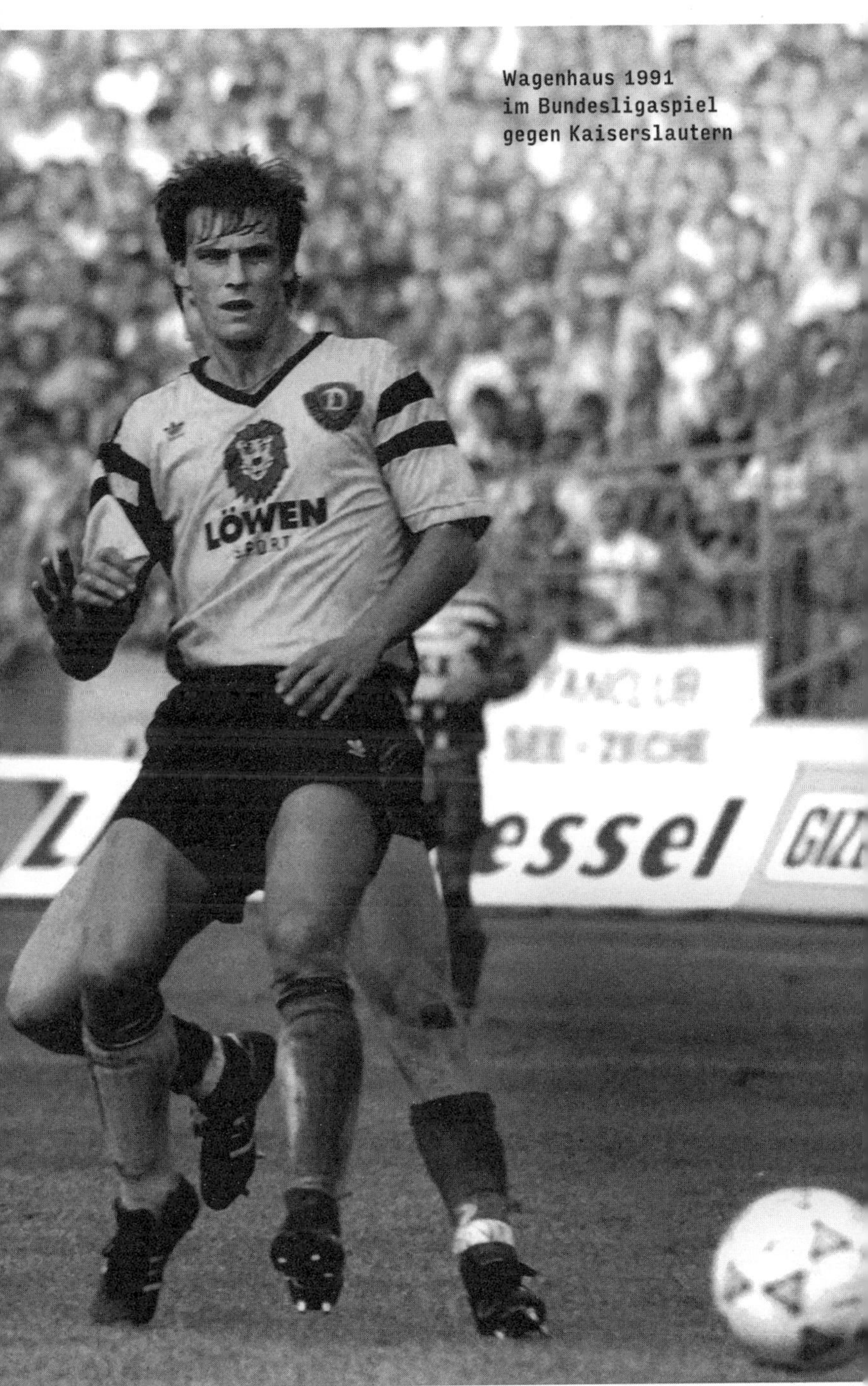

Wagenhaus 1991
im Bundesligaspiel
gegen Kaiserslautern

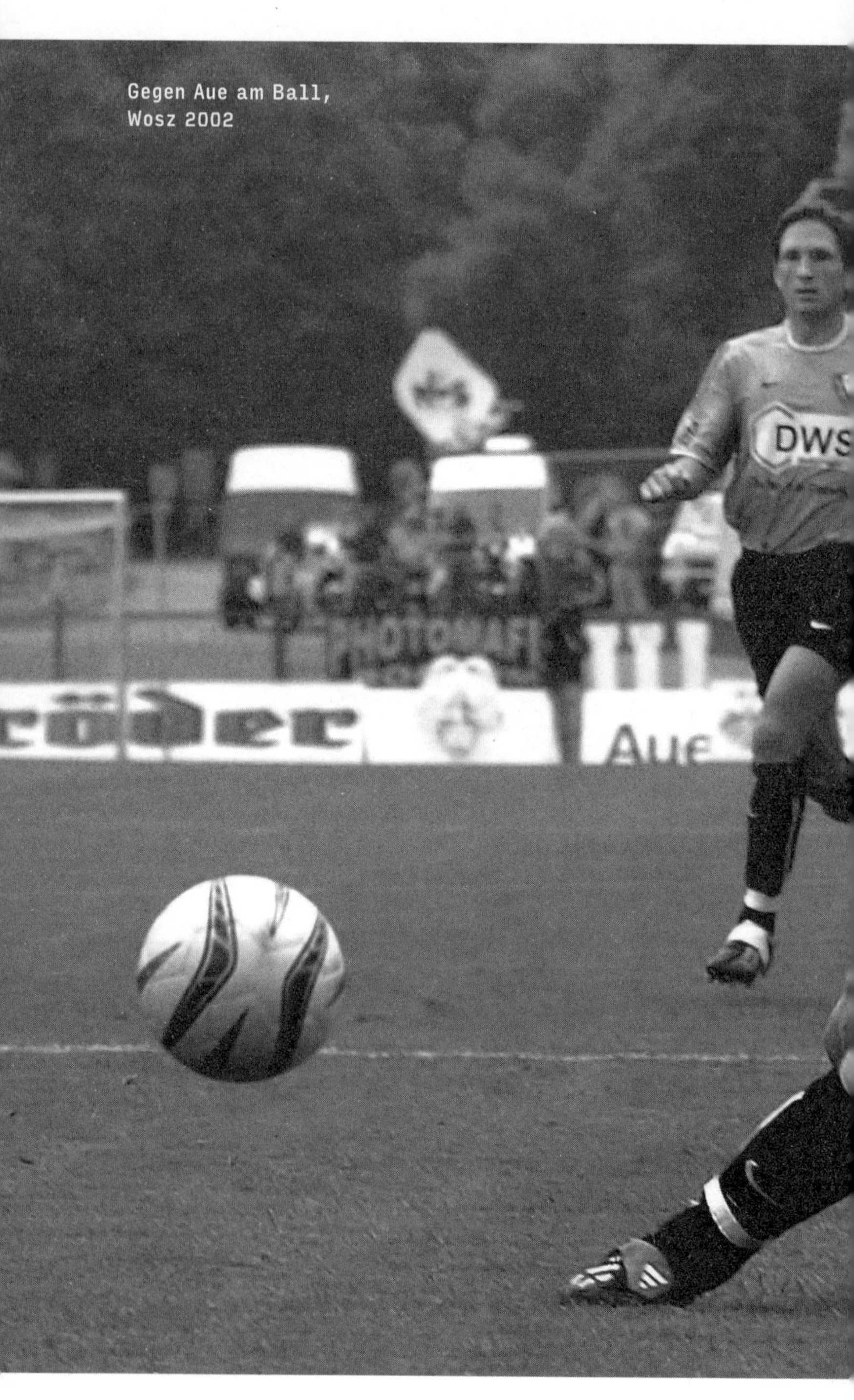

Gegen Aue am Ball,
Wosz 2002

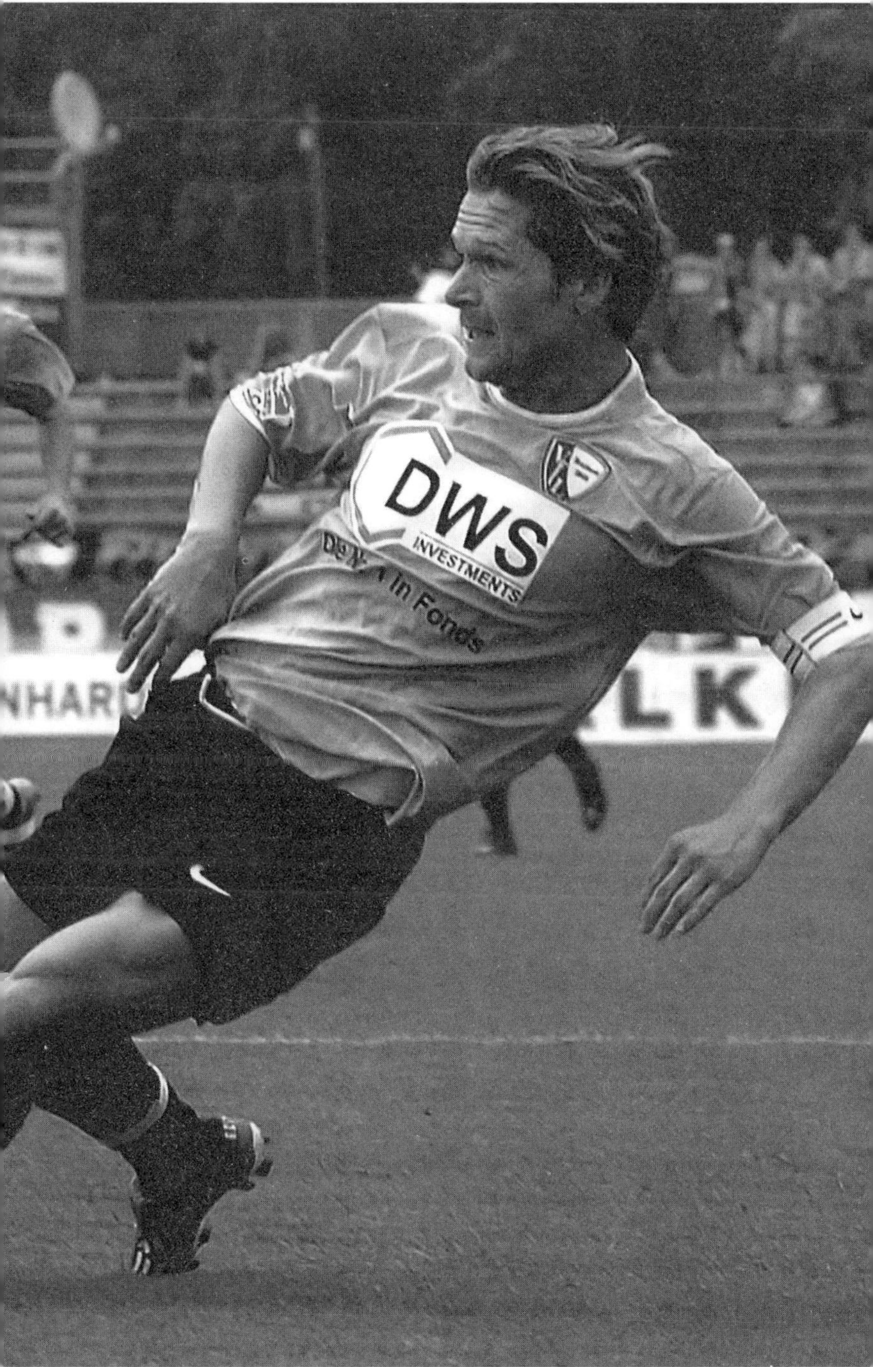
DWS
INVESTMENTS
In Fonds

Am 13. August 1991 feierte Meppe mit den Dynamos den ersten Sieg in der Bundesliga. »Wir gewannen 2:1 gegen Eintracht Frankfurt, trotz Unterzahl. Ich hatte nach einer Stunde Andreas Möller gefoult und die Rote Karte gesehen. Man sperrte mich für sage und schreibe acht Pflichtspiele«, erinnert sich Wagenhaus, der auch dreimal für die DDR-Auswahl auf dem Rasen stand. »Ich war am 12. September 1990 in Brüssel gegen Belgien dabei, als wir das letzte Länderspiel durch zwei Tore von Matthias Sammer mit 2:0 gewannen.«

Wagenhaus bestritt fünfzig Erstligapartien für Dynamo, wechselte später für 1,2 Millionen D-Mark zu Fenerbahce Istanbul. Unter Rainer Holger Osieck, 1990 Assistent von Teamchef Franz Beckenbauer beim WM-Titelgewinn der Deutschen in Italien, kam er in der türkischen Süper Lig zu achtzehn Einsätzen für Fenerbahce. Er spielte noch in Mannheim, Gossau (Schweiz), bevor er wieder nach Halle zurückkehrte, wo er 1997/98 für den VfL 96 in der Regionalliga antrat. Im Jahr 2000 zog er nach Österreich und war dort noch bis zu seinem 46. Geburtstag in unteren Ligen als Spieler-Trainer aktiv. Heute lebt der 1,87-Meter-Hüne mit seiner Familie wieder in Sachsen und steht regelmäßig als Zuschauer im K-Block bei Dynamo Dresden. »Ich bin immer ein glühender Dynamo-Fan gewesen, und daran wird sich bis an mein Lebensende nichts ändern.«

Rösler-Verkauf rettet Spielergehälter

Magdeburg zum Verkauf gezwungen, später auch Dynamo

Von Delegierungen kann im letzten Jahr der Oberliga 1990/91 schon nicht mehr die Rede sein. War es früher um politische Erwägung, Prestige und sportlichen Ehrgeiz gegangen, bestimmen nun ökonomische Dinge das Wechselgeschehen. Dynamo Dresden verkauft vor dem Qualifikationsjahr zur Bundesliga 1990/91 mit Matthias Sammer, Ulf Kirsten und Hans-Uwe Pilz drei seiner stärksten Offensivspieler. Logisch, dass die Schwarz-Gelben dringend Ersatz suchen. Ein heißer Kandidat ist Uwe Rösler, doch den lassen die Magdeburger (zunächst) nicht ziehen. Der 1. FCM will ebenfalls in die Bundesliga, braucht Röslers Tore und möchte einen direkten Konkurrenten auf keinen Fall stärken.

In der Winterpause hatte sich die Lage verändert. Dynamo lag, trotz einiger Probleme, auf Kurs, Magdeburg dagegen schon weit zurück. Auch finanziell war der FCM angeschlagen. Rösler, gerade mal 22, durfte nach Dresden wechseln. Ein spektakulärer Transfer – und zu diesem Zeitpunkt der teuerste, der innerhalb von Ostdeutschland getätigt wurde. »Die Magdeburger brauchten die Ablösesumme, um die Spielergehälter weiter zahlen zu können«, erinnert sich Rösler. Leicht wurde es für den Auswahlspieler in Dresden aber keineswegs. Der Stürmer stand zwar in allen Rückrundenpartien auf dem Platz und erzielte drei Tore, doch er spürte den ungeheuren Druck: »Dynamo hatte eine sehr hohe Transfersumme für mich gezahlt, und ich sollte Ulf Kirsten ersetzen. Trotz einiger Anpassungsprobleme besaß ich immer die Unterstützung unserer Trainer Reinhard Häfner und Hartmut Schade. Und Ralf Minge, einer der ganz erfahrenen Spieler, hat mit mir unzählige Zusatzeinheiten auf dem Trainingsplatz absolviert, um vor allem mein Kopfballspiel zu verbessern.« Unvergessen bleibt für »Rösi« der 11. Mai 1991, als er mit Dynamo Dresden Gastgeber für den 1. FC Magdeburg war. »Für uns stand sehr viel auf dem Spiel. Drei Spieltage vor Saisonende konnten wir mit einem Sieg die Tür zur Bundesliga weit aufstoßen. Wir gewannen 1:0, und ich schoss das Tor. Irre.«

Im zweiten Bundesligajahr (1992/93) ging es den Dynamos dann wie vorher den Magdeburgern. Die Dresdner brauchten dringend frisches Geld und verkauften Rösler zum 1. FC Nürnberg. »Nach nur einem Jahr war ich in Dresden zurück, ich fühlte mich in Nürnberg nicht wohl. Menschlich bin ich dort nicht klargekommen«, erinnert er sich. »Aber es war ein Ausleihgeschäft, in dieser Form würde ich das nicht wieder tun.« Der Haken: Die Dresdner mussten entsprechend den Einsätzen von Rösler an Nürnberg zahlen, »allerdings nur, wenn ich vor der 70. Minute zum Einsatz kam«. Rösler hatte in der Hinrunde sechs Einsätze, »davon fünfmal als Einwechselspieler – natürlich immer nach der 70. Minute«. Eine schwere Verletzung setzte ihn schließlich fünf Monate lang außer Gefecht, »in der Winterpause signalisierte mir Trainer Siggi Held, dass ich mir einen neuen Verein suchen könne. Mein Berater organisierte dann ein Probetraining bei Manchester City. Mir war klar, dass ich in Dresden keine Zukunft haben würde.«

Viereinhalb Jahre stürmte Uwe Rösler für City, schoss in 167 Partien 64 Tore und wurde Publikumsliebling. 1995 wählten ihn die Fans zum Man-City-Spieler des Jahres, vierzehn Jahre später wurde er als zweiter Deutscher nach Torhüter Bert Trautmann in die Hall of Fame von Manchester City aufgenommen. Mit seiner norwegischen Frau Cecilie

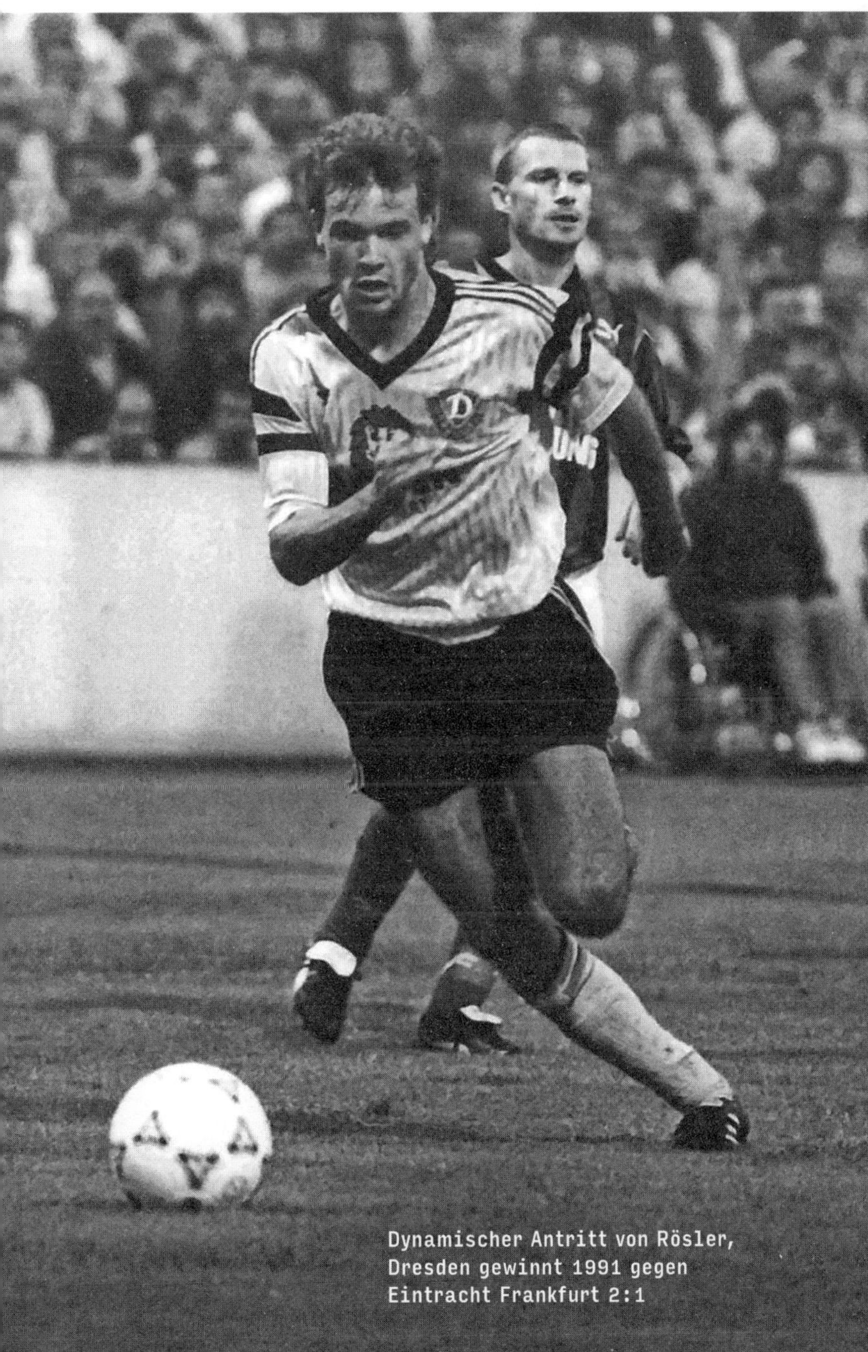

Dynamischer Antritt von Rösler,
Dresden gewinnt 1991 gegen
Eintracht Frankfurt 2:1

Als Coach von Fortuna Düsseldorf

kehrte er 1998 nach Deutschland zurück, spielte in Kaiserslautern ein Jahr unter Trainer Otto Rehhagel, später noch in der zweiten Liga für Unterhaching und Tennis Borussia Berlin. Zwischenzeitlich kehrte er noch einmal nach England zurück und kickte für den FC Southampton sowie West Bromwich Albion. 2002 unterschrieb Rösler in Norwegen bei Lilleström SK mit 33 seinen letzten Vertrag als Spieler, erkrankte jedoch einige Monate später an Krebs. Im November 2004 kehrte er als Trainer in den Sportbetrieb zurück. Nach einem Job bei Molde FK ging der Ex-Dynamo nochmals nach England und arbeitete sieben Jahre in der zweiten und dritten Liga beim FC Brentford, bei Wigan Athletic, Leeds United und Fleetwood Town. 2018 erhielt er ein Angebot aus Schweden, führte Malmö FF als Coach zurück in die Spitze und auf die europäische Bühne. Sein Traum, eines Tages in Deutschland einen Bundesliga-Verein zu trainieren, erfüllte sich im Januar 2020. Mit 51 Jahren unterschrieb er als Cheftrainer bei Fortuna Düsseldorf.

Verhinderte Vereinswechsel

Frenzel, Geisler und Löwe landen doch nicht in Jena – und Dixie Dörner darf nicht nach Riesa

Wie in vielen Kapiteln bisher anschaulich wurde, tobten im Hintergrund sich anbahnender Transfers oftmals heftige Machtkämpfe zwischen Funktionären. Etwa beim Wechsel Damian Halatas vom 1. FC Magdeburg zum 1. FC Lok Leipzig. In seinem Fall behielt der fordernde Verein die Oberhand über den abgebenden. Doch Fälle, die umgekehrt ausgingen, waren auch nicht selten. Stellvertretend seien zwei Anläufe des FC Carl Zeiss Jena genannt, die schließlich versandeten, obwohl die Thüringer, wie wir hier oft gesehen haben, dank ihres gleichnamigen Trägerkombinats zu den Clubs mit den besten materiellen Voraussetzungen gehörten.

Als sie 1966 Loks Nationalspieler Henning Frenzel und Manfred Geisler aus Leipzig loseisen wollten, zog die mächtige SED-Bezirksleitung die Bremse. »Wir waren uns mit den Jenaern einig, hatten auch schon eine Wohnung«, erinnert sich Geisler an das für DDR-Verhältnisse verlockende Angebot. Leipzigs Funktionäre ließen sogar, als sie Kenntnis von den Abwanderungsgedanken der beiden Leistungsträger erhielten, Frenzel beschatten. Sie wollten offenbar wissen, mit wem der damals 24-jährige und hochbegehrte Mittelstürmer während der brisanten Wechselphase Kontakt pflegte. »Ich habe das bemerkt und mich deshalb sogar mal aus dem Hinterausgang unseres Hauses ungesehen weggeschlichen«, erinnert sich Frenzel amüsiert. Er glaubt, dass seine Bewacher Stasi-Leute waren, die von den regionalen SED-Bossen den entsprechenden Auftrag erhalten hatten. Der Wechsel platzte schließlich.

Drei Jahre später, nachdem die eigentliche Spitzenmannschaft Lok ziemlich überraschend aus der DDR-Oberliga abgestiegen war, unternahmen die Jenaer einen erneuten Versuch. Die Gelegenheit zu wildern schien nach dem Absturz günstig. Der FC Carl Zeiss zeigte sich 1969 nach wie vor an Frenzel interessiert, nun aber in Kombination mit dessen pfeilschnellem Stürmerkollegen Wolfram Löwe, beide Auswahlspieler. Doch auch diesen Versuch blockten die Lok-Funktionäre mit Hilfe der Staatspartei ab, wenngleich in Jena ebenfalls SED-Genossen das Sagen hatten. Ob das interne Ringen für die Leipziger allerdings ein drittes Mal gut ausgegangen wäre, wenn Lok 1970 nicht den sofortigen Wiederaufstieg geschafft hätte, darf man bezweifeln. Denn dann dürften die Probstheidaer ihren Status als geförderter Spitzenclub wohl verspielt haben.

Die Sache hing übrigens am seidenen Faden. Im letzten und entscheidenden Zweitliga-Spiel gegen Wismut Gera brauchte Lok unbedingt einen Sieg, um am Spitzenreiter im direkten Duell noch vorbeizuziehen. Die Leipziger gewannen zu Hause vor 30 000 Zuschauern im Bruno-Plache-Stadion hauchdünn mit 1:0. In den Folgejahren erarbeiteten sie sich wieder eine Topstellung im DDR-Oberhaus – mit Frenzel, Geisler und Löwe.

Einen geplatzten Wechsel anderer Art gab es 1986 in Dresden, und er betraf keinen Geringeren als Hans-Jürgen Dörner. Dixie, 1985 noch DDR-Fußballer des Jahres, musste seine Laufbahn beenden, weil sein ehemaliger Mitspieler Eduard Geyer den Cheftrainer-Posten übernahm und wohl um seine Autorität bangte. Dörner war der unumstrittene Kapitän der Mannschaft, hatte 100 Länderspiele bestritten und gehörte zu den technisch versiertesten Spielern, die der DDR-Fußball je hervorgebracht hat. Trotz seiner 35 Jahre dachte Dixie damals noch nicht an sein Laufbahnende und plante einen Vereinswechsel nach Riesa. Dort hatte ein Jahr zuvor Siegfried Gumz die Betriebssportgemeinschaft Stahl als Chefcoach übernommen. »Mit Torhüter Claus Boden, Andreas Schmidt, Fred Mecke oder Gerd Seifert standen bereits einige Jungs im Kader, die mir aus Dynamo-Zeiten vertraut waren.« Und Gumz plante den ganz großen Coup. »Ich kannte Dixie Dörner schon ewig, hatte mit ihm noch zusammengespielt. Und als er bei Dynamo aufhören musste, wollte ich ihn nach Riesa holen.« Auch Dörner wollte, aber die Dresdner ließen ihn nicht gehen. Wahrscheinlich war den Dynamo-Funktionären bewusst, was spätestens beim Riesaer Gastspiel in der Elbestadt passieren würde. Gumz: »Dixie war ja schon damals eine Legende.«

Dörner übernahm als Trainer die zweite Dynamo-Mannschaft, war später DDR-Olympia-Auswahlcoach, arbeitete rund neun Jahre beim DFB im Trainerstab sowie u. a. in Kairo, bei Werder Bremen und beim VfB Leipzig. Im Oktober 2019 wurde er in die »Hall of Fame« des Deutschen Fußballmuseums aufgenommen. Bis zu seinem Tod im Januar 2022 saß Dixie im Aufsichtsrat von Dynamo Dresden.

Dörner 1984 beim 3:0
gegen Wismut Aue

Umziehende Vereine

Wenn ganze Mannschaften mit Sack und Pack ...

Eine Besonderheit des DDR-Fußballs war der verordnete Umzug ganzer Vereine oder zumindest Mannschaften. Es gab zivile Vereine, die aufgrund sportpolitischer Beschlüsse versetzt wurden. Das prominenteste Beispiel dafür ist der Umzug der BSG Empor Lauter, die im Oktober 1954 durch eine derartige Maßnahme zum SC Empor Rostock wurde, aus dem Ende 1965 der FC Hansa Rostock hervorging. Andere Eingriffe in Spielrecht und Aufteilungen von Mannschaften gab es in Dresden und Leipzig.

Im November 1954 verschwand in Dresden fast die komplette Mannschaft. Dynamo feierte am 14. November im Stadtderby gegen Rotation einen 2:1-Sieg vor 40 000 Zuschauern im Heinz-Steyer-Stadion und verteidigte die Oberliga-Tabellenführung vor Aktivist Brieske-Senftenberg. Eine Woche später stand hinter dem Namen Dynamo aber nicht mehr »Dresden«, sondern »Berlin«. In einer Nacht- und Nebelaktion war die erfolgreiche Polizei-Mannschaft in die Hauptstadt delegiert worden, weil die sozialistische Staatsmacht dort einen Gegenpol zum West-Klub Hertha BSC schaffen wollte. »Natürlich haben wir uns anfangs mächtig aufgeregt, schließlich fühlten wir uns in Elbflorenz sehr wohl«, erzählt Günter »Moppel« Schröter im Buch »Dynamo Dresden – Legenden. Schicksale. Geschichten«. Schröter, der 2016 im Alter von 88 Jahren in Berlin verstarb, folgte dem Marschbefehl. »Schließlich waren wir alle Polizisten. Als Befehlsempfänger hatten wir nur die Wahl, mit nach Berlin zu gehen oder mit dem Fußball aufzuhören.« Am Saisonende landeten die »Berliner« übrigens nur im

Oberliga-Niemandsland auf Platz sieben. Die SG Dynamo Dresden, offiziell gegründet am 12. April 1953, wurde am 1. Januar 1955 für die zuvor aufgelöste Fußballabteilung des SC DHfK Leipzig in die sogenannte I. Liga, die zweithöchste Spielklasse der DDR, eingestuft, musste aber am Saisonende in die neu geschaffene II. DDR-Liga absteigen. Erst in den »Goldenen Siebzigern« erlebte das fußballverrückte Dresden wieder erfolgreiche Zeiten mit Titeln und großen Europapokalspielen.

Berüchtigt ist die Neuaufteilung der beiden Oberligisten SC Rotation und SC Lok Leipzig. 1963 wurden die vermeintlich besten Akteure beider Teams zur Fußballabteilung des SC Leipzig delegiert und der Rest zur praktisch wieder auflebenden BSG Chemie Leipzig geschickt, die 1951 als sogenannte »alte Chemie«, wie sie heute genannt wird, die DDR-Meisterschaft gewonnen hatte. Dass sich das wiederholen könnte, scheint in den Kalkulationen der federführenden Sportfunktionäre keine Rolle gespielt zu haben. Während der SC Leipzig, aus dem heraus sich später, im Januar 1966, der 1. FC Lok Leipzig gründete, um die Meisterschaft mitspielen sollte und 1963/64 achtbarer Dritter wurde, gelang dem »Rest von Leipzig« mit dem Titelgewinn der wohl größte Coup der DDR-Oberliga-Geschichte. Da über diese Sensation aber schon vielfach geschrieben wurde, sei das hier nur gestreift.

Die meisten Fälle von Verpflanzung ganzer Vereine und Teams gab es im militärischen Bereich. Wie erwähnt trugen Armeevereine in der DDR den Namen Vorwärts. Der ASK (Armeesportklub) und später die ASG (Armeesportgemeinschaft) Vorwärts Leipzig – den Namen modifizierte man in den Anfangsjahren wie auch an anderen Vorwärts-Standorten mehrfach – wurde gleich dreimal versetzt. Erstmals 1953 nach Berlin, wo der ASK Vorwärts Berlin entstand, aus dem sich im Januar 1966 der FC Vorwärts Berlin ausgliederte, der seinerseits 1971 auf

Beschluss des Verteidigungsministeriums (forciert zudem von BFC-Dynamo-Gönner Erich Mielke) nach Frankfurt (Oder) geschoben worden ist. Diese Verlegung teilte man den Spielern übrigens folgendermaßen mit: Nach der 0:2-Niederlage beim PSV Eindhoven im Europapokalspiel der Pokalsieger wurden die Armeekicker noch am Flughafen Berlin-Schönefeld in einen Raum geführt, wo ihnen die militärische Clubleitung sagte, dass sie ab 1. Juli 1997 in Frankfurt (Oder) spielen und trainieren werden. »Unsensibler ging es kaum«, urteilt der damals noch junge Vorwärts-Spieler Wolfgang Andreßen noch heute Kopf schüttelnd über dieses stillose Vorgehen (siehe auch Kapitel »Straße fegen als Vorbereitung fürs Startelf-Debüt«). Den meisten Akteuren passte die Verlegung aus der Hauptstadt in die Provinz ganz und gar nicht. Nach ihrer Meinung fragte die Spieler allerdings niemand.

Im Jahr 1955 wurde die in Leipzig wieder neu aufgebaute Vorwärts-Fußballtruppe nach Cottbus delegiert und dort zunächst SC Vorwärts der KVP Cottbus genannt. Daraus wurde wenig später einfach der ASK und bald die ASG Vorwärts Cottbus, die man wiederum 1974 nach Kamenz transferierte, wo die Offiziershochschule der DDR-Luftstreitkräfte ihren Hauptsitz hatte. KVP stand übrigens für »Kasernierte Volkspolizei« – ein Vorläufer der NVA.

Zurück zu Vorwärts Leipzig. Die kickenden Soldaten aus Leipzigs Norden, die sich wieder bis in die DDR-Liga berappelt hatten, bekamen 1974 erneut einen Marschbefehl, diesmal nach Dessau, wo sie bis 1989 passablen Zweitliga-Fußball darboten.

Andere Umzugswege relativ hochklassiger Armeevereine verliefen von Rostock nach Stralsund (die Matrosen gaben als Vorwärts Stralsund sogar zwei je einjährige Gastspiele in der Oberliga), von Prenzlau nach Neubrandenburg (Verein der Landstreitkräfte) sowie im Fall des zentralen Vereins der Grenztruppen von Meiningen nach Plauen.

Wie das Ganze auf die Spieler wirkte, schildert der Leipziger Stephan Fritzsche, der im Sommer 1974 den Umzug von Cottbus nach Kamenz mitmachte. »Wir hörten ziemlich kurzfristig von den Umzugsabsichten, und dann ging es auch schon los. Für uns mitumziehende Spieler war es nur wichtig, dass wir weiter Fußballspielen konnten.« Denn das Dasein als Quasi-Profikicker in NVA-Diensten war weit angenehmer als der normale, in aller Regel triste, manchmal schikanöse Alltag bei der Armee. »Allerdings haben sich etliche Spieler, die sich nur wegen des Fußballs zu längerem Dienst verpflichtet hatten, dann wegen des Umzugs ›entpflichtet‹, wie das damals hieß. Das wurde ihnen auch gestattet«, erinnert sich Fritzsche. Praktisch gleichzeitig mit dem Umzug waren die Cottbuser aus der DDR-Liga in die drittklassige Bezirksliga abgestiegen. Vielleicht sogar wegen der sich abzeichnenden Verlegung. Der Wiederaufstieg in Liga zwei gelang als Vorwärts Kamenz übrigens erst 1979.

Versetzungen von Polizeivereinen, die in der DDR unter dem Namen Dynamo firmierten, wurden ebenfalls vollzogen, jedoch weit seltener als unter Armee-Regie. Ein Beispiel hierfür war das Team der SG (später FSG) Dynamo Frankfurt (Oder), die 1971 schließlich zur SG Dynamo Fürstenwalde wurde. Und auch das ging eigentlich mit der Verlegung einer Armeemannschaft einher. Dynamo musste in Frankfurt dem zentralen Armee-Fußballclub aus Berlin weichen, der nun an der Oder der Platzhirsch war. Der Stasi-Chef Erich Mielke hatte diese Abmachung dem Verteidigungsminister Heinz Hoffmann abgerungen (oder aufgeschwatzt).

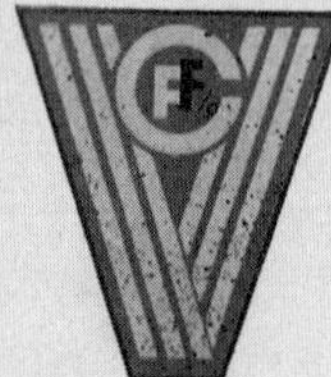

EHRENTAFEL DES FC VORWÄRTS

DDR-Fußballmeister

1958, 1960, 1962, 1965, 1966, 1969

FDGB-Pokalsieger

1954, 1970

Verdiente Meister des Sports

Fritz Belger
Otto Fräßdorf
Gerhard Körner
Jürgen Nöldner
Karl-Heinz Spickenagel
Werner Unger
Kurt Vorkauf

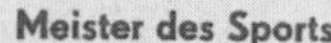

Meister des Sports

Werner Eilitz
Otto Fräßdorf
Gerhard Körner
Dieter Krampe
Gerhard Marotzke
Jürgen Nöldner
Horst Scherbaum
Karl-Heinz Spickenagel
Werner Unger
Günther Wirth
Werner Wolf

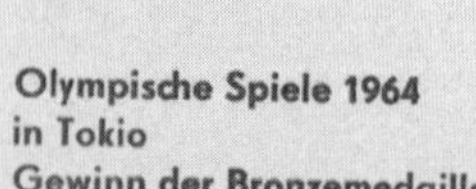

Olympische Spiele 1964 in Tokio Gewinn der Bronzemedaille

Otto Fräßdorf
Gerhard Körner
Jürgen Nöldner
Werner Unger

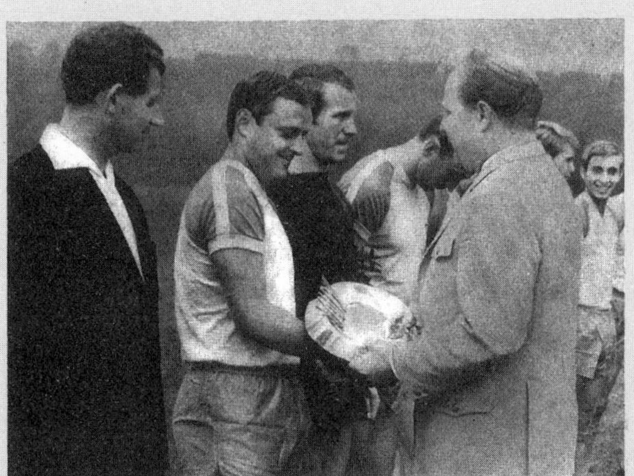

Mannschaftskapitän Jürgen Nöldner empfängt den Fairness-Pokal des „Deutschen Sportecho"

Liebe Sportfreunde!

Am 14. August 1971 wird sich unser Kollektiv im „Stadion der Freundschaft" in Frankfurt/Oder in seiner neuen Umgebung vorstellen.
Sie, liebe Freunde, die Sie uns lange Jahre in Berlin die Treue hielten, und Sie, die wir als neue Freunde und Anhänger gewinnen möchten, haben sicherlich an den Fußballclub Vorwärts Frankfurt/Oder einige Fragen. Als Kapitän unseres Oberliga-Fußballclubs möchte ich Ihnen im Namen aller meiner Genossen darauf antworten. Nicht zuletzt mit Ihrer Unterstützung konnten wir sechsmal den Titel eines Fußballmeisters der DDR und zweimal den FDGB-Pokal erringen; achtmal waren wir an europäischen Cup-Wettbewerben beteiligt, und in fast 200 internationalen Spielen haben wir im In- und Ausland durch eine

Glossar

Amateurstatus und Bezahlung

Nominell galten auch die Leistungsfußballer als Amateure. In der Oberliga und größtenteils in der DDR-Liga (sowie mitunter gar darunter in Bezirksliga und Bezirksklasse) gingen die Fußballer jedoch nur teilweise oder praktisch gar nicht einer beruflichen Tätigkeit nach, damit sie ausreichend Zeit für das Training hatten. Bezahlt wurden sie dennoch vom jeweiligen Trägerbetrieb. Auswahlspieler erhielten ferner Zuwendungen vom DFV. Zum Grundgehalt, das mancherorts, je nach Engagement und Potenz des Trägerbetriebs, deutlich über dem DDR-Durchschnittsverdienst lag, kamen noch Punkt- und Leistungsprämien.

Armeedienst für Fußballer

In den meisten Fällen wurde der Armeedienst für Auswahlspieler verschoben. Man zog sie erst nach ihrer sportlichen Laufbahn ein. Da DDR-Bürger, sofern sie das 26. Lebensjahr vollendet hatten, nur noch ein halbes Jahr Dienst leisten mussten, reduzierte sich die Zeit dann auf ein Drittel. Oberligaspieler, die nicht auch Auswahlspieler waren, kamen für die Dienstzeit oftmals bei einer Armeemannschaft unter und konnten dort mehr oder minder intensiv und ohne größere militärische Behelligung ihre sportliche Entwicklung fortsetzen.

ASG, ASK

Abkürzung für Armeesportgemeinschaft oder Armeesportklub. Stets mit dem Vereinsnamen Vorwärts verwendet.

Beginn des Ostfußballs

Noch vor Gründung der DDR im Jahr 1949 begann der Nachkriegsfußball in Ostdeutschland. Der erste Ostzonenmeister 1947/48 wurde aus Qualifikanten der ostdeutschen Länder ermittelt. Sieger war die SG Planitz. 1948/49 holte nach ähnlichem Ausscheid die ZSG Union Halle die Meisterschaft. Die erste Oberligasaison begann 1949/50 noch unter dem Namen DS-Liga (benannt nach dem Deutschen Sportausschuss). 1950 wurde Horch Zwickau erster DDR-Meister, der damals aber noch, gleich dem in den westlichen Besatzungszonen, »Deutscher Meister« hieß.

BSG

Abkürzung für Betriebssportgemeinschaft. Die weitaus größte Zahl aller Sportvereine der DDR waren BSG.

DDR-Liga

Zweithöchste Liga der DDR, sie wurde mehrfach umstrukturiert. Die längste Zeit teilte sie sich in Nord- und Südstaffel (je sechzehn, später je achtzehn Teams), die jeweiligen Meister stiegen in die Oberliga auf. Von 1971 bis 1984 wurde in fünf Staffeln zu je zwölf Teams gespielt. Die Staffelsieger ermittelten in einer Aufstiegsrunde mit Hin- und Rückspielen die beiden Aufsteiger.

DDR-Oberliga

Höchste Liga der DDR, meist mit vierzehn Mannschaften, nur von 1950 bis 1954 wurde wegen sportpolitischer Eingliederungen mit bis zu neunzehn Teams gespielt. Es gab in der Regel zwei Absteiger.

DFV

Abkürzung für Deutscher Fußball-Verband, unter dessen Regie der Fußballsport DDR-weit organisiert wurde. Regional waren die Bezirksfachausschüsse (BFA) und Kreisfachausschüsse (KFA) des DFV zuständig.

FDGB-Pokal

Zentraler Pokalwettbewerb der DDR, der vom Freien Deutschen Gewerkschaftsbund (FDGB) unterstützt wurde.

Olympia-Auswahl

Die DDR-Olympia-Auswahl war in weiten Teilen identisch mit der A-Nationalmannschaft, was im Grunde eine Verletzung des damals geforderten Amateurstatus aller Olympiateilnehmer bedeutete, doch vom IOC nie geahndet wurde. Da die DDR-Fußballer offiziell als Amateure galten, hatten sie einen Vorteil gegenüber westlichen Mannschaften, die im äußersten Fall Jungprofis einsetzten.

Pokalendspiele

Wurden bis 1974 in – bezogen auf die Finalisten – neutralen Städten ausgetragen. Ab 1975 war immer das Berliner Stadion der Weltjugend (vormals Walter-Ulbricht-Stadion) Austragungsstätte.

SC, FC

Abkürzung für Sportclub bzw. Fußballclub. Zur Jahreswende 1965/66 gliederte man zehn Fußballclubs aus weiter bestehenden Sportclubs aus, um die Entwicklung des DDR-Fußballs voranzutreiben und ihn auf internationaler Ebene konkurrenzfähiger zu machen. Diese zehn Clubs sowie die den Bedingungen nach praktisch gleichgestellte SG Dynamo Dresden bestimmten dann auch zum größten Teil das Geschehen der DDR-Oberliga. International gelang der Leistungssprung jedoch nur zeitweise.

SG

Abkürzung für Sportgemeinschaft. So gut wie nur von Vereinen der Polizei oder der Staatssicherheit verwendet, stets in Verbindung mit dem Vereinsnamen Dynamo.

Talentsichtung und Leistungszentren

Nach einer Entdeckung bei kleineren Vereinen wurden Talente entweder in den Kreiszentren zusätzlich trainiert oder gleich in die Bezirksleistungszentren, also meist zu den Clubs delegiert. Oft besuchten sie, wie auch Talente anderer Sportarten, Kinder- und Jugendsportschulen (KJS) mit Internat. Die Lehrpläne dieser Schulen wurden auf den hohen Trainingsumfang hin dosiert.

Trägerbetriebe, Trägerkombinate

Hinter vielen Vereinen standen Betriebe oder Betriebszweige. Sie agierten der Sache nach ähnlich wie heutige Firmen, wenn sie eine sogenannte Werkself betreiben, etwa VW in Wolfsburg oder Bayer in Leverkusen. Die Vereinsnamen richteten sich bis auf wenige Ausnahmen nach der Branche des Trägerbetriebs. So stand Motor für Maschinenbau, Aufbau für Bauwesen, Lok für die Deutsche Reichsbahn, Chemie für Chemiebetriebe und Traktor für landwirtschaftliche Betriebe usw.

TSG, TSC

Abkürzung für Turn- und Sportgemeinschaft bzw. Turn- und Sportclub, die aber nur selten Anwendung fand, wie zum Beispiel bei der TSG Wismar, der TSG Meißen oder dem TSC Berlin.

Nachweise der verwendeten Abbildungen:
Frank Kruczynski (32/33, 34/35, 38/39, 54/55, 58/59, 72/73, 90, 91, 94/95, 106/107, 110/111, 116, 121, 126/127, 132, 138/139, 143, 144/145, 150, 155, 158/159, 168, 172, 176, 180, 183, 184/185, 189, 190, 195) – Frank Müller (44, 49, 67, 74) – Petra Grützner (100) – Paskalia Schwarz (122) – Matthias Rietschel (17) – Neue Fußballwoche (fuwo) 1968, Nr. 26 (20) – FC Vorwärts Frankfurt (Oder) (85, 200) – FC Erzgebirge Aue (163) – Privatarchiv Weigang (24) Privatarchiv Matoul / DFV der DDR (62) – Privatfoto Mosert (79) – Privatfoto (9) – Eugen Schmidt: Zeichnung (27).

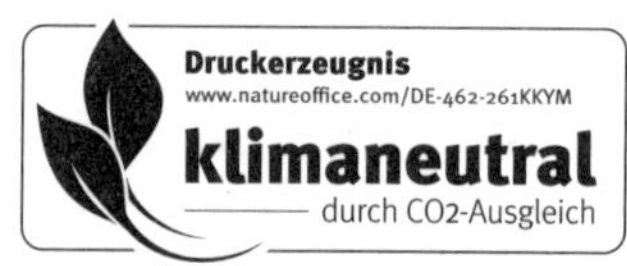

Verlag Neues Leben –
eine Marke der Eulenspiegel Verlagsgruppe Buchverlage

ISBN 978-3-355-01911-8

1. Auflage 2022

Umschlaggestaltung: Buchgut, Berlin, unter Verwendung eines Fotos von picture alliance / ZB | Frank Kruczynski
Druck und Bindung: buchdruckerei.de, Berlin

www.eulenspiegel.com